Forschung und Handeln

Forschung und Handeln
Umsetzung empirischer Befunde in Politik und Wirtschaft

Herausgegeben von Joachim Scharioth

im Auftrag der Arbeitsgemeinschaft
Sozialwissenschaftlicher Institute e.V. (ASI)
und
des Arbeitskreises Deutscher Markt- und
Sozialforschunginstitute e.V. (ADM)

Leske + Budrich, Opladen 1999

Der **ADM** Arbeitskreis Deutscher Markt- und Sozialforschungsinstitute e.V. ist der Zusammenschluß der privatwirtschaftlich verfaßten Institute in der Bundesrepublik Deutschland. Zu seinen wesentlichen Zielen gehören die Wahrung und Förderung der Wissenschaftlichkeit von Markt- und Sozialforschung und ihres Ansehens in der Öffentlichkeit. Der Gewährleistung der Anonymität von Befragten - unter besonderer Berücksichtigung der Datenschutzgesetze - gilt sein ständiges Augenmerk.

In der **ASI** - Arbeitsgemeinschaft Sozialwissenschaftlicher Institute e.V. - sind gemeinnützige sozialwissenschaftliche Forschungseinrichtungen und Universitätsinstitute der Bundesrepublik Deutschland zusammengeschlossen. Ziel der ASI ist die Förderung und Intensivierung der sozialwissenschaftlichen Forschung, insbesondere in ihrer empirischen Ausrichtung. Sie ist Träger des Informationszentrum Sozialwissenschaften (IZ) in Bonn, das mit dem Zentralarchiv für empirische Sozialforschung (ZA) an der Universität zu Köln und dem Zentrum für Umfragen, Methoden und Analysen e.V. (ZUMA), Mannheim, in der Gesellschaft Sozialwissenschaftlicher Infrastruktureinrichtungen e.V. (GESIS) zusammengeschlossen ist.

ISBN 3-8100-2324-8

© 1999 Leske + Budrich, Opladen

Das Werk einschließlich aller Abbildungen ist urheberrechtlich geschützt. Jede Verwertung außerhalb der Grenzen des Urheberrechtsgesetzes ist ohne Zustimmung des Verlages unzulässig und strafbar. Das gilt insbesondere für die Vervielfältigungen, Übersetzungen, Mikroverfilmung und die Einspeicherung und die Bearbeitung in elektronischen Systemen.

Druck und Verarbeitung: Druck Partner Rübelmann, Hemsbach
Printed in Germany

Inhaltsverzeichnis

Heinz Sahner
Institut für Soziologie, Universität Halle-Wittenberg
Vorwort - Wissenschaft und Praxis: Kooperation tut not. 7

Joachim Scharioth
Geschäftsführer Infratest Burke, Wirtschaftsforschung
Vom Produkt- zum Stakeholdermanagement 11

Michael Grande
Bereichsleiter Marketing, Deutsche Lufthansa AG
Von der Markt- zur Kundenforschung. 21

Robert Leicht
Redaktionsmitglied der ZEIT, Hamburg
Journalismus und Demoskopie. 39

Rüdiger Pohl
Präsident des Instituts für Wirtschaftsforschung,
Halle-Wittenberg
Wissenschaftliche Beratung der Wirtschaftspolitik.
Was kann sie (nicht) erreichen? 45

Klaus Haupt
Vorsitzender des ADM
Forschung + Handeln - Resümée und Wertung 61

Heinz Sahner

Vorwort
Wissenschaft und Praxis: Kooperation tut not.

Forschung und Handeln, zweifellos ein wichtiges Thema. Ein wichtiges Tagungsthema zweier Vereinigungen zudem, die repräsentativ für die privatwirtschaftlich und die akademisch verfaßte empirische Sozialforschung stehen.
 Es ist nicht die erste Tagung, die beide Organisationen gemeinsam durchführen. Das hat seine Gründe. Es geht uns darum, daß beide Forschungsbereiche sich nicht auseinanderentwickeln, weil beide voneinander profitieren können. Theorie und Praxis sind notwendig aufeinander bezogen. Wir haben ähnliche oder gar die gleichen Probleme. Es geht z.b. um ethische und moralische Standards, um Probleme der Akzeptanz, der Instrumentenentwicklung, der Ausbildung.
 Diese Einsicht findet ihren Niederschlag in vielfältigen Aktivitäten von ADM (Arbeitskreis Deutscher Markt- und Sozialforschungsinstitute e.V.) und ASI (Arbeitsgemeinschaft Sozialwissenschaftlicher Institute e.V.) - und nicht nur in solchen wissenschaftlichen Tagungen. Ich erinnere an gemeinsame Stellungnahmen und gemeinsam verabschiedete Richtlnen, so z.B. an den ESOMAR-Kodex (European Society for Opinion and Marketing Research) und an die Richtlinie zur Wahlforschung. Mitglieder beider Organisationen bemühen sich neben anderen Experten in einer Arbeitsgruppe der DFG um die „Qualitätskriterien der Umfrageforschung".
 Auch diese Tagung „Forschung und Handeln" dient gemeinsamen Zielen. Es geht also in dieser Tagung nicht darum, sich gegenseitig die Nützlichkeit oder die Praxisrelevanz unseres Tuns zu bescheinigen. Die Relevanz der Sozialforschung ist hinreichend gegeben und auch anerkannt. Weil sie häufig langfristig und sozusagen subkutan wirkt, ist ihre Wirksamkeit nicht immer augenfällig. Ihre Wirksamkeit, ihr Nutzen, wenn man so will, findet aber breite Anerkennung, sozusagen von Adorno bis Kohl. Der Bundeskanzler

führte noch anläßlich des fünfzigjährigen Bestehens des Instituts für Demoskopie Allensbach aus, daß die Meinungsforschung auf problematische Entwicklungen hinweise, Informations- und Argumentationsdefizite aufweise und so eine wichtige Kontroll- und Entscheidungsfunktion wahrnehme. Das hat ihm nicht der Teufel eingegeben, sondern höchstwahrscheinlich Adorno. Von dem man Folgendes schon 1952 in dem vom Institut zur Förderung der öffentlichen Angelegenheiten herausgegebenem Band „Empirische Sozialforschung" lesen konnte:

„Anstatt sich erst mit Hilfe ideologischer Begriffe ein versöhnliches Bild der sozialen Wirklichkeit zurechtzustilisieren und sich dann mit den Verhältnissen, wie sie sind, getröstet abzufinden, muß Wissenschaft die Härte dessen, was ist, zum Bewußtsein erheben" (30). Denn, „wann immer man ... sich anstrengt, Theorie in ‚research' Fragestellungen zu verarbeiten, gewinnen die Daten selber einen veränderten Stellenwert. Sie beginnen zu sprechen" (34), und eine „Theorie der Gesellschaft, der die Veränderung keine Sonntagsphrase bedeutet, muß die ganze Gewalt der widerstrebenden Faktizität in sich aufnehmen" (39). Vor allem aber erkennt Adorno in der empirischen Sozialforschung ein „demokratisches Potential" (28), das darin seine Begründung habe, daß gerade bei der Meinungsforschung jede Stimme gleich viel gelte. Nicht zuletzt aus diesem Grunde sei sie während der Hitlerdiktatur unerwünscht gewesen (27) - und nicht nur dort, ist man heute versucht hinzuzufügen.

Kurz, die Sozialwissenschaften sind für die Entwicklung einer offenen demokratischen Gesellschaft unabdingbar. Nicht ohne Grund wurden sie vom Faschismus verfolgt und ihre Arbeitsmöglichkeiten im Sozialismus drastisch eingeengt und streng kontrolliert. Wenn auch die DDR nicht (allein) deshalb untergangen ist, weil es an einer effektiven empirischen Sozialforschung fehlte, so aber doch deshalb, weil sie die autonomen und adaptiven Kapazitäten drastisch beschnitt und eben auch der Wissenschaft ihre Autonomie nahm. Die Einsicht vom Politbüromitglied Egon Krenz in die verfehlte Wissenschaftspolitik kam zu spät. Auch hierzu ein Zitat: „Wir sind u. a. deshalb gescheitert, weil wir nicht wirklich im Volk gelebt haben, weil wir uns eine Scheinwelt aufbauten. Die Informationen, die wir erhielten waren geschönt, die Meinungsforschung wurde von uns gering geschätzt und das Meinungsforschungsinstitut sogar aufgelöst" (Egon Krenz, Der Spiegel 6/1991: 56)

Nein, die Praxisrelevanz ist unumstritten und kann in breiter Palette belegt werden. Es geht heute nicht um die Legitimation empirischer Sozialforschung, sondern vielmehr darum, den Prozeß von Forschung und Handeln in Vortrag und Diskussion näher zu untersuchen. Es geht um Umsetzungsprobleme von Forschung in die Praxis. Es geht auch um die Frage, welche Erwartungen von seiten der Praxis gegenüber der Forschung bestehen. Die Wissenschaftler werden sich wieder wundern, vor welchen Problemen aber auch Möglichkeiten die Praxis zur Zeit wieder steht.

Joachim Scharioth

Vom Produkt- zum Stakeholdermanagement

Der vorliegende Beitrag zeigt den Wandel im Unternehmen und die daraus resultierende Veränderung der Rolle, die Marktforscher und Sozialwissenschaftler in der Wirtschaft heute spielen. Er ist nicht zuletzt auch eine Reflexion der eigenen Tätigkeit und ich beschränke mich daher auf die Situation der Sozialwissenschaften und Marktforschung in den Unternehmen. Bei öffentlichen Institutionen und Verbänden kann man dieselbe Entwicklung beobachten, es werden aber teilweise andere Sprachwendungen benutzt.

1 Produktmanagement

Der Wettbewerb der Unternehmen war bis vor etwa 10 bis 15 Jahren geprägt durch das Produktmanagement. Es ging darum, durch überlegene Produkte sowie durch Innovationen Vorteile im Wettbewerb zu erreichen. Der Preis spiegelte die Herstellungskosten wider. Wer billiger produzierte, verkaufte seine Waren auch zu einem günstigeren Preis. Die Serviceleistungen waren Teil des Produktes bzw. Teil der Gemeinkosten. Viele Unternehmen profilierten sich mit ihrem ausgezeichneten Service und begründeten damit Premiumpreise, die der Markt hergab. Die Vorstände der Unternehmen wurden dominiert durch Techniker oder Chemiker, da ihr Know-how die Basis für den Markterfolg war.

Die Marktforschung ist in dieser Zeit groß geworden. Es galt, das Marktvolumen sowie Marktpotentiale zu ermitteln, das eigene Produkt im Markt optimal zu positionieren. Diversifikationsmöglichkeiten wurden über anspruchsvolle qualitative Brainstorming-Techniken entwickelt und mit der Marktforschung hinsichtlich ihrer Chancen beurteilt. Große Bedeutung kommt der

Produktgestaltung zu. Vor allem seit der Entwicklung des Conjoints spielt die Marktforschung im Unternehmen schon bei der Produktgestaltung eine bedeutende Rolle. Im Vordergrund der Beziehung zum Kunden geht es um Awareness sowie die Werbewirkung, um Bekanntheit und Produktnutzung zu stärken.

Die Empirie im engeren Sinne hat in dieser Zeit die ausgefeilten Methoden des Samplings und der Stichprobenbildung entwickelt. Die großen Instrumente der Marktforschung, wie die Haushaltspanels oder die Media-Analyse stammen aus dieser Zeit.

Die Soziologie im engeren Sinne hat in den Unternehmen eine vernachlässigbare Rolle gespielt. Einige wenige Soziologen konnte man in der Werbeabteilung oder im Personalwesen, das aber im wesentlichen von Psychologen dominiert war, antreffen.

Auch heute kommt dem Produktmanagement eine große Bedeutung zu. Einen Vorsprung auf der Produktebene zu haben, ist nach wie vor ein unschätzbarer Vorteil. In einer Zeit von höheren Kapazitäten als Nachfrage, immer schneller werdender Technologieentwicklung, gelingt es allerdings kaum, einen solchen Produktvorsprung länger als ein halbes Jahr zu halten. Selbst der bewußte Ausbau von technischen Komponenten in der Weise, daß sie mit Konkurrenzprodukten nicht kompatibel sind, ist nur selten längerfristig erfolgreich. Apple ist gezwungen, seinen eigenen Weg in der Softwareentwicklung mehr und mehr dem Mainstream anzupassen, und auch Gardena mit seinen patentierten Gartenschlauchverbindungsstücken sieht sich jetzt mit Wettbewerbern, die die gleiche Technik verwenden, konfrontiert.

Es geht nicht um Kundenzufriedenheit, sondern um pure Kundenbindung auch gegen dessen Willen. In Anlehnung an Jones und Sasser, 1995, kann man diese Strategie als Geiselnahme bezeichnen. Es spielt keine Rolle, ob der Kunde zufrieden oder unzufrieden ist. Die Wechselbarrieren sind so hoch, daß er mehr oder weniger gezwungen ist, loyal zu seinem Lieferanten zu sein. Diese Situation ist für den Lieferanten optimal: Er braucht nichts für die Zufriedenheit der Kunden zu tun und verfügt dennoch über äußerst treue und loyale Kunden. Vernachlässigt wird bei dieser Idee aber, daß jede Form der „Geiselhaft" beim Kunden negative Eindrücke hinterläßt, die einerseits seine Wirkung für die Mundpropaganda, und das heißt die Gewinnung von Neukunden, vermindert und andererseits dazu führt, daß er vermehrt jede Alternative, die sich ihm bietet, nutzt. Der Telefonmarkt ist hierfür ein gutes Beispiel. Das gegenwärtige Wachstum der privaten Telefonanbieter basiert nicht zuletzt auf diesem Effekt.

2 Prozeßmanagement

Das Produktmanagement wurde ergänzt bzw. abgelöst durch das Prozeßmanagement oder Business Reengineering. Beim Business Reengineering steht die Organisation der eigenen Geschäftsprozesse im Vordergrund. Man hat gelernt, daß durch eine geschickte Prozeßgestaltung sowohl die Qualität gesteigert wird als auch erhebliche Kostenvorteile gewonnen werden können. Eine ganze Reihe der gegenwärtig wichtigsten Zielsetzungen der Unternehmenspolitik sind direkt mit diesem Business Reengineering verbunden. Qualitätsmanagement ist nichts anderes als die Optimierung der Prozesse. Es entstehen die Qualitätshandbücher sowie die ISO 9000. Auch die Idee des Benchmarkings bedeutet, die eigenen Prozesse mit denen von anderen Marktteilnehmern zu vergleichen; ebenso laufen alle Kostenprogramme letztlich darauf hinaus, mit minimalem Einsatz von Ressourcen optimale Qualitäten zu produzieren.

Der Preis orientiert sich immer weniger an den Herstellungskosten. Target Pricing gewinnt eine immer bedeutendere Rolle. Man ermittelt den Preis, zu dem ein Produkt oder eine Dienstleistung an den Markt gebracht werden muß und gestaltet seine Prozesse anschließend in der Form, daß dieser Preis erreicht wird. Die Serviceleistungen werden separiert und vielfach aus dem eigentlichen Produktpreis herausgenommen, um die Kosten für diesen Service bewußt zu machen. Es entsteht die Differenzierung zwischen Hochqualitätsprodukten und –dienstleistungen einerseits und Discountprodukten und –dienstleistungen andererseits. Diese Discountangebote beschränken sich auf den Kern der Produkte zu niedrigsten Preisen. Nahezu in jedem Markt findet man die Differenzierung nach solchen Produkten, die preiswert das Grundbedürfnis der Nutzung abdecken und solchen, die über Zusatzleistungen höhere Preise ermöglichen. Viele Markenhersteller gründen Zweitmarken, um nicht nur auf einen dieser beiden Märkte festgelegt zu sein.

Im Zuge dieser Prozeßorientierung werden Vorstandspositionen mehr und mehr mit Kaufleuten besetzt, für die Preis und Kosten im Vordergrund stehen.

Ihr Prozeß-Know-how bietet den Kaufleuten Vorteile gegenüber den bislang dominierenden Technikern und Chemikern.

Die Rolle der Marktforschung ist insgesamt deutlich schwächer als in der Phase der Produktorientierung. Zwei Instrumente erlangen jedoch größte Bedeutung: Zum einen die Preisforschung (das Conjoint wird zum Preisinstrumentarium ausgebaut) und zum anderen die Analyse von regionalen Potentialen zur Vertriebssteuerung. Die kleinräumige Absatzanalyse ermöglicht es, in optimaler Weise Vertriebe so zu steuern, daß sie mit möglichst geringem Zeitaufwand den größtmöglichen Nutzen erreichen.

Entsprechend ist auch der Einsatz des empirischen Know-hows, d.h. der Mikroregionalforschung kommt größere Bedeutung zu. Dabei steht die Weiterentwicklung von Methoden zur Reduzierung von Stichproben und Forschungskosten im Vordergrund, um die Budgets nicht zu stark zu beanspruchen.

Die Rolle der Soziologie wird in dieser Phase bedeutender, da die Unternehmen sehr schnell lernen, daß zur Optimierung ihrer Prozesse sowohl das individuelle Training als auch das Organisationslernen von entscheidender Bedeutung ist. Hinzu kommt die Sensibilität, daß es notwendig ist, Konflikte zu managen und zu steuern, denn Konflikte kosten Geld und stören die Prozesse. Soziotechnische Methoden gewinnen im Unternehmen an Bedeutung.

Das Prozeßmanagement ist auch heute noch absolut dominant in den Betrieben. Die Chancen, über das Prozeßmanagement langfristig Wettbewerbsvorsprünge zu erreichen, werden aber immer geringer. Letztlich kann jedes Unternehmen mit den gleichen optimierten Prozessen aufwarten. Es wird immer schwieriger, über das Prozeßmanagement echte Vorteile zu erreichen. Die Kunden lernen, daß sie gleiche Qualität von allen Anbietern erhalten, und ein großer Teil wird, um es in der Sprache von Jones und Sasser zu sagen, zu „Söldnern", d.h. es ist ein Kundentypus, der hochzufrieden mit Qualität und Leistung ist, aber für seine Zufriedenheit nicht mit Loyalität bezahlt. Dieser Teil der Kunden sucht beständig nur nach dem günstigsten Angebot und ermöglicht damit den Unternehmen nur sehr bedingt, Gewinne zu realisieren. Investitionen in die Bindung dieser Kunden lohnen sich nicht.

3 Stakeholdermanagement

In dieser Situation kommt die Idee des Stakeholdermanagements zum Tragen. Es setzt sich die Erkenntnis durch, daß letztlich Menschen Geschäfte machen und nicht Unternehmen. Der Kunde als Person tritt in den Mittelpunkt des Interesses. Letztlich entscheidet der einzelne Kunde darüber, welches Produkt und welchen Lieferanten er nutzen möchte. Denkt man diesen Gedanken weiter, wird sehr schnell klar, daß dieser Kunde von den eigenen Mitarbeitern bedient und betreut wird und daß damit nicht nur die Beziehung zum

Kunden, sondern auch die Beziehung zu den Mitarbeitern von größter Bedeutung sind. Mit dem Malcom Baldrige National Quality Award tragen die USA als erste dieser Idee Rechnung und stellen Kundenzufriedenheit und Mitarbeiterzufriedenheit auf dieselbe Ebene wie die finanziellen Ergebnisse. Jack Welch als CEO von General Electric formuliert das sehr einprägsam:

„Too often we measure everything and understand nothing. The three most important things you need to measure in a business are: customer satisfaction, employee satisfaction, and cash flow"

Auch das Modell der European Foundation of Quality Management trägt dieser Idee Rechnung und differenziert die Ergebnisse eines Unternehmens nach seinen Erfolgen im Finanziellen, bei Kunden, Mitarbeitern, der Gesellschaft sowie gemäß der Neufassung von 1999, bei Geschäftspartnern und Lieferanten. Das Vertrauen der Anteilseigner sowie die Effizienz und Zufriedenheit mit den internen Kundenbeziehungen ist ebenfalls Bestandteil dieses Stakeholdermanagements.

Der Preis wird nicht nur zum Value Price, d.h. den Wert, den ein Produkt oder eine Dienstleistung für den Kunden hat, sondern der Kunde wird in seinem ganzen Lebenszyklus betrachtet. Die Preisstellung richtet sich nach dem Lebenszeit-Kundenwert. Das heißt, es wird nicht mehr das Geschäft bzw. der Ertrag einer einzelnen Transaktion betrachtet, sondern das Geschäft und der Ertrag mit diesem Kunden über die Gesamtzeit der Geschäftsverbindung. Es erfolgt eine Bewertung der bisherigen Kundenbeziehung und eine Abschätzung des zukünftigen Potentials.

Der Service, insbesondere für langlebige Gebrauchsgüter, wird nun zu einem Bindungselement, da die Kontakte zwischen Hersteller und Kunden viel häufiger mit dem Servicetechniker als mit dem Verkäufer erfolgen. Der Rücken- oder Gegenwind für die nächste Kaufentscheidung wird durch die Pflege der Geschäftsbeziehung während der Nutzung des jetzigen Produktes oder der jetzigen Dienstleistung gelegt.

Vorstandspositionen werden zunehmend von Sozialwissenschaftlern besetzt, denn sie repräsentieren die Wissenschaft, die am besten für dieses Beziehungsgefüge zwischen Unternehmen und seinen Stakeholdern, d.h. Kunden, Mitarbeiter, Geschäftspartner, Finanzierungsinstitutionen, sensibilisiert sind. Die Tatsache, daß jetzt Sozialwissenschaftler Vorstandspositionen erlangen, zeigt allerdings auch, daß gegenwärtig erst die allerersten Anfänge des Stakeholdermanagements zu erleben sind.

Soziologisches Fachwissen sowie empirische Methoden erleben einen neuen Aufschwung. Das gesamte sozialwissenschaftliche Methodeninstrumentarium wird zu den zentralen Hilfsmitteln der Unternehmensführung. Die Betriebswirtschaft verliert ihre Dominanz und wird durch die Sozialwissenschaften ergänzt. In einer Zeit, in der allgemein die Blütezeit der Soziologie totgesagt wird, wird das soziologische Wissen zum entscheidenden Unterschied zwischen Erfolg und Miß<->erfolg der Unternehmen.

Aber was wird aus der Marktforschung? Neue Instrumente, wie sie auch von Herrn Grande in diesem Buch beschrieben werden, entstehen. Es geht nicht mehr nur um Kundensegmente oder Marktanteile, sondern es geht auch um die Beziehungen zu jedem einzelnen Kunden, zu jedem einzelnen Mitarbeiter, zu jedem einzelnen Geschäftspartner.... Schlagwörter, wie 1 : 1 Marketing oder Cyber-Marketing charakterisieren diese Diskussion. All diese Instrumente dienen der Eröffnung und der Fortführung eines Dialogs zwischen Unternehmen und Stakeholdern.

Für uns als Markt- und Sozialforscher tritt ein völlig unerwartetes Verhalten der Kunden und Mitarbeiter auf. Ist es in der Regel das Interesse der Befragten, anonym zu bleiben, so verhalten sich die Stakeholder eines Unternehmens völlig anders.

Bietet ein Unternehmen den Dialog über solche Dinge an, die den Einzelnen interessieren, die ihm nützen, sind die Befragten im Gegensatz zu unseren Erwartungen gerne bereit, eine Menge Auskünfte über sich selbst zu geben und damit einverstanden, daß diese Daten gespeichert werden. Selbst die Menschen, die „keine Werbung" auf ihrem Briefkasten stehen haben, freuen sich über gezielte Zusendungen zu ihren Liebhabereien, sei es zu Wein, Büchern oder zu was auch immer. Der Unterschied besteht darin, daß diese Art der Zuwendung nur auf den Einzelnen zugeschnittene Informationen enthält. Dies wird von den Zielpersonen nicht als Werbung, sondern als Betreuung empfunden.

Die Unternehmen führen mit ihren Kunden einen Dialog, der ständig Ansprache und Antworten erfordert. Dies gilt besonders für Beschwerden und Anregungen seitens des Kunden. Der Kunde erwartet, daß das Unternehmen auf sein Anliegen antwortet, und er ist sogar geschmeichelt, wenn das Unternehmen erinnert, über was er oder sie sich das letzte Mal beschwert hat. Entge<->gen den Erwartungen von uns Sozialwissenschaftlern empfindet der Kunde also die Sammlung personalisierter Informationen über sein Verhalten und seine direkte Ansprache des Unternehmens als positiv. Dies bedeutet, daß die personalisierte Sammlung von Informationen als Teil des Dialogmanagements an Bedeutung gewinnt.

Ist dies das Ende der anonymen Forschung und damit das Ende der Markt- und Sozialforschung, weil Verhaltensdaten jetzt personalisiert und nicht mehr gruppenorientiert gesammelt werden? Ganz und gar nicht. Denn alle Daten, die Grundlage der Bewertung sein können, entziehen sich zur großen Überraschung der Nicht-Sozialwissenschaftler dieser Vorgehensweise der personalisierten Datenerhebung. Das Unternehmen, das personalisiert die Bewertung seiner Leistungen sammelt, gerät in große Gefahr, Falschinformationen zu speichern. Die einzelne Äußerung über Wohlbefinden oder Klage ist situationsspezifisch und damit maßgeblich von kurzzeitigen Einflüssen dominiert. Schon immer lehrte unsere Profession, daß es der Messung mehrerer Meßereignisse – bei uns bisher bei verschiedenen Personen – bedarf, um eine soziale Einschätzung von Ereignissen zu bekommen. Bei einer einzelnen Person ist dies nicht anders. Man braucht 10, vielleicht sogar 20 Messungen, bevor man weiß, inwieweit der Einzelne einen Lieferanten schätzt oder nicht. Das ist in der Praxis aber nicht möglich. Besonders deutlich wird dies bei Beschwerden. Hat sich der Einzelne gestern noch so geärgert, daß er sich beschwert hat, kann er morgen bereits über die Behandlung seiner Beschwerde und die gefundene Lösung so glücklich sein, daß er dieses Unternehmen über den „grünen Klee" lobt. Inwieweit dies so bleibt, ist ungewiß.

Hinzukommt, daß eine Person mit Rücksicht auf zu erwartende Konsequenzen antwortet. Ist man zukünftig abhängig von dem Wohlwollen des technischen Services seiner Autowerkstatt, wird man mit Kritik äußerst vorsichtig sein.

Die anonyme Befragung sichert also auch in Zukunft die „authentische" nicht von Konsequenzen beeinflußte Beurteilung. Sie ermöglicht darüber hinaus aber auch die Ermittlung der Relevanz einzelner Aussagen von Kunden. Der Einfluß einzelner Bewertungen auf das Gesamturteil und Verhalten läßt sich nur über die Beobachtung von Gruppen erfassen. Besonders deutlich wird diese mangelnde Relevanz personalisierter Aussagen für ein Unternehmen wieder bei Beschwerden. Die unpünktlichste Fluggesellschaft der Welt erhält die wenigsten Beschwerden über mangelnde Pünktlichkeit – denn wer hat schon Pünktlichkeit erwartet? Die pünktlichste Airline erhält dagegen die meisten Beschwerden - denn jeder hat sich mit seiner Planung auf deren sprichwörtliche Pünktlichkeit eingestellt. Solange der Ruf durch regelmäßige Pünktlichkeit erhalten bleibt, wird aber durch Verminderung von wenigen Verspätungen nicht ein einziger zusätzlicher Passagier gewonnen.

Personalisierte und anonyme Daten stehen sich also gleichgewichtig gegenüber.

Das Unternehmen will jetzt Kunden haben, die durch Zufriedenheit und durch den Vorteil einer lang andauernden Geschäftsbeziehung an das Unternehmen gebunden sind. Um es wieder in der Sprache von Jones und Sasser zu sagen, ist dies der Kundentypus des „Apostels", der seinen Lieferanten im Markt empfiehlt. Er ist der beste Vertrieb des Unternehmens.

4 Die neuen Herausforderungen

Man kann nur managen, was man mißt. Unsere Wissenschaft ist gefordert, die Beziehungsqualität zwischen Unternehmen und Stakeholdern zu messen. Und hier gibt es aufschlußreiche Ergebnisse. Vergleicht man die Qualität der Kundenbindung mit der Beziehung eines Unternehmens zu seinen Mitarbeitern und diese beiden mit der internen Kundenzufriedenheit, d.h. der Zufriedenheit der Mitarbeiter mit den Leistungen anderer Abteilungen, so stellt man fest, daß die Beziehung zu den Kunden deutlich besser ist als die Beziehungen zu den Mitarbeitern und diese wesentlich besser als zwischen den Abteilungen eines Unternehmens. Die Messung der Beziehungsqualität ist eine der wesentlichen Faktoren des Unternehmenserfolges.

Es gilt aber auch festzustellen, warum die Beziehungen gut oder gestört sind. Untersuchungen, nicht zuletzt der Harvard Universität, zeigen, daß die Zahl der Qualitätselemente, die für das Beziehungsgefüge eines Unternehmens zu seinen Stakeholdern entscheidend sein können, wesentlich höher ist als erwartet. Untersuchungen von Infratest Burke belegen, daß im Schnitt 60 - 80 Elemente die Kundenbeziehung und sogar noch mehr die Beziehung zu den Mitarbeitern bestimmen können.

Bei jedem dieser Elemente besser zu sein als die Konkurrenten, ist aussichtslos, sofern man Geld verdienen will und die Zielgruppe nicht durch zu hohe Preise einschränken will. Es kommt darauf an, sich zu fokussieren und in jenen Elementen konkurrenzlose Leistungen anzubieten, die für die einzelnen Zielgruppen die relevantesten sind.

Ein vielfach vorhandenes Mißverständnis muß überwunden werden: Es geht weniger um gut oder schlecht, es geht vielmehr um die Relevanz einzelner Elemente für spezifische Zielgruppen. Ein Unternehmen muß die entscheidenden relevanten Elemente, d.h. seine Motivatoren, kennen – die USPs ebenso wie die für den Kunden relevanten Schwächen. Hier sind die Sozialwissenschaften und die Marktforschung gleichermaßen gefordert.

Vielfach wird bei der Diskussion der hier zu verwendenden Methoden übersehen, daß es nicht sinnvoll ist, über die Zeit die gleichen Variablen zu messen. Nichts ändert sich in den Unternehmen so schnell, wie die Elemente, wodurch die Unternehmen versuchen, ihre Stakeholder zu binden und für sich einzunehmen. Das Wesen der sozialen Marktwirtschaft liegt darin, daß ein Unternehmen jeden Tag erneut darüber nachdenkt, über welche neuen Services, Produkte, Dialogformen es seine Stakeholder – seien es Kunden, Mitarbeiter, Lieferanten... – zu seinem eigenen Nutzen stärker an sich bindet. Die Entdeckung immer neuer „versteckter Chancen" ist der beste Garant für den Unternehmenserfolg, und unsere Wissenschaft ist gefordert, durch Messung diese zu erkennen.

Eine weitere Erkenntnis stärkt unsere Position im Unternehmen. Menschen beurteilen den Output, d.h. auch, daß wir den von den Empfängern empfundenen Output messen. Verändern kann man aber nur den Input. Die Gestaltung der Geschäftsprozesse entscheidet darüber, wie die Beziehung zu den Stakeholdern gestaltet wird. Diese Umsetzung, welche Geschäftsprozesse zur Stärkung der Stakeholderbeziehung zu verändern sind, ist eine mit unserem Know-How zu leistende Aufgabe. Das Wie kann dann aber nur von den Spezialisten der verschiedenen Fachrichtungen erarbeitet werden.

Eine Aufgabe kommt auf uns zu, der wir uns stellen müssen. Wir haben aus verschiedenen Gründen entschieden, daß die Sammlung personalisierter Daten nicht Gegenstand der Marktforschung ist. Wir müssen aber angesichts der starken Verwendung personalisierter Daten in den Unternehmen das Zusammenspiel anonymer und personalisierter Daten sicherstellen. Das Datamatching wird zu einer zentralen Aufgabe der Marktforschung. Die Unternehmen wollen nicht nur wissen, wie hoch der Anteil von Aposteln, Söldnern oder Geiseln in ihrem Markt ist, sondern sie wollen auch wissen, wer wohl als Individuum zu welcher Gruppe gehört, und das läßt sich nicht direkt erfragen. Die Unternehmen wollen wissen, über welche Qualitätselemente sie welche Kunden ansprechen, und auch dies läßt sich über Fragen an den Einzelnen nicht bestimmen. Vielmehr müssen wir als Markt- und Sozialforscher mit unseren entwickelten Methoden der Datenanalyse durch das Zusammenführen von personalisierten und anonymen Daten die Unternehmen unterstützen, über welche Qualitätselemente sie mit der größten Wahrscheinlichkeit wohl den größten Erfolg bei den einzelnen Kunden haben werden. Und was für die Kunden gilt, gilt für alle Stakeholder.

Die Rolle der Markt- und Sozialforschung ist zukünftig für die Unternehmen bedeutsamer als je zuvor. Ihr Gegenstand, die Untersuchung und Gestaltung von Beziehungen zwischen Menschen, wird zum entscheidenden Faktor für den Erfolg oder Mißerfolg eines Unternehmens. Es gilt, sich diesen neuen Herausforderungen zu stellen, und das bedeutet auch, sich stärker als je zuvor mit dem Zusammenspiel anonymer und personalisierter Daten zu beschäftigen.

Literaturverzeichnis

Thomas O. Jones and W. Earl Sasser, Jr.: Harvard Business Review, November-December 1995

Joachim Scharioth: Stakeholdermanagement International in Ralph Berndt

Global Management, Heidelberg, Wien, New York, 1996

Michael Grande

Von der Markt- zur Kundenforschung

Meine Damen und Herren,
ich freue mich über die Einladung und die Möglichkeit, auf Ihrer Jahrestagung sprechen zu können. Angesichts der prominenten Redner, die Sie bisher für Ihre Tagungen gewinnen konnten, bin ich mir der Ehre, aber auch der Herausforderung bewußt, heute Ihr geneigtes Ohr zu finden.

Ihre Tagung setzt sich mit dem Thema „Forschung und Handeln" auseinander. Wenn Forschung zu Erkenntnis und Handeln zu Ergebnissen führt, dann beschreibt Ihr Tagungsthema auf sehr treffende Weise, was das Management braucht, um ein Unternehmen erfolgreich führen zu können: Wissen und Erfahrung.

In der Airlineindustrie, und nur dafür kann ich hier sprechen, wird sich der Stellenwert der Marktforschung grundlegend wandeln. Aus Marktforschung wird zunehmend Kundenforschung. Angesichts dieser Entwicklung gibt es immer mehr Anzeichen dafür, daß die traditionelle Marktforschung ihre Rolle im Luftverkehr von Grund auf neu definieren muß.

Die Erfahrung zeigt aber auch, daß ein solcher Entwicklungsprozeß selten auf eine Branche beschränkt bleibt. Einige meiner Thesen mögen provokant, andere gewagt sein, aber wer nicht über Zukunft nachdenkt, wird auch nie eine haben. Keiner wird die Bedeutung von Forschung und Wissenschaft bestreiten wollen, doch das Leben wie auch die unternehmerische Wirklichkeit sind der Empirie manchmal einige Schritte voraus. Sikorsky, der Entwickler und Namensgeber des ersten Hubschraubers, hat dies sehr treffend beschrieben, als er sagte:

„Nach den anerkannten flugmechanischen Gesetzen kann die Hummel aufgrund ihrer Gestalt und Flügelfläche nicht fliegen. Aber sie weiß es nicht und fliegt trotzdem."

Die Marktforschung hatte im traditionellen Marketing der Massenmärkte nie einfache, aber doch relativ klare Fragestellungen zu beantworten:

- Wo sind meine Märkte?
- Wer sind meine Zielgruppen?
- Was erwarten sie? und
- Wie erreiche ich meine Zielgruppen?

Die Antworten auf diese Fragen waren immer nur geeignet, den Durchschnittsverbraucher oder, in Abwandlung eines Buchtitels, den „gemittelten Kunden" zu beschreiben. Wenn aber immer mehr Unternehmen ihren Erfolg nicht mehr primär in Marktanteilen, sondern im sog. Customer Share messen, dann fokussieren sich die Fragestellungen auf das Individuum und die Aufgaben des Marketings auf das Beziehungsmanagement.

Der Wandel in Marktforschung und Marketing wird von der Frage begleitet, wer heute und erst recht in der Zukunft Informationen, Erkenntnisse und Wissen über den Markt und damit über den Kunden liefert. Dies war und ist in vielen Unternehmen die Domäne des Marketings und damit auch der Marktforschung, das wird es in dieser exponierten Stellung aber nicht mehr sein. In dem Maße, in dem die Planung, die Produktion, der Vertrieb oder externe Quellen Markt- und Kundendaten generieren und verfügbar machen, muß sich die Marktforschung fragen, welchen Wertschöpfungsbeitrag sie in Zukunft liefern kann und liefern muß.

Der amerikanische Marketing-Guru, Theodore Levitt, hat an Hand zwei sehr plastischer Beispiele deutlich gemacht, daß Unternehmen ihren Erfolg daraus ableiten müssen, wie sie mit den Bedürfnissen und Wünschen ihrer Kunden umgehen und nicht wie unerschütterlich sie an die Langlebigkeit ihrer eigenen Produkte glauben.

Die amerikanischen Eisenbahngesellschaften sind, so Levitt, nicht deshalb in die Bedeutungslosigkeit zurückgefallen, weil die Nachfrage nach Passagier- und Frachtbeförderung einbrach, sondern weil andere (das Auto, der Trucktransport, der Luftverkehr, das Telefon) das Bedürfnis nach Mobilität besser erfüllen konnten. Die Eisenbahnen wähnten sich zu lange im Eisenbahngeschäft und erkannten nicht, daß ihre eigentliche Aufgabe der Transport war. Sie waren produkt- und nicht kundenorientiert.

Die amerikanischen Filmgesellschaften konnten es mit knapper Not vermeiden, vom Fernsehen verdrängt zu werden. Wie die Eisenbahnen definierten die Hollywood-Mogule ihr Geschäft falsch. Sie dachten, es ginge darum, Filme zu produzieren und erkannten nicht, daß die Zuschauer unterhalten werden wollten. Hollywood lehnte das Fernsehen zu lange ab und verpaßte die Chance, das Fernsehen als Sprungbrett zu nutzen, um die Unterhaltungsindustrie weiter auszubauen. Hollywood ist aber auch ein hervorragendes

Beispiel dafür, daß Fehler nur eine einzige Berechtigung haben, nämlich, aus ihnen zu lernen.

Was aber ist unser Geschäft? Was ist das Geschäft der Lufthansa? Ist es der Luftverkehr oder die Transportindustrie? Oder sind wir vielleicht schon Teil der immer schneller wachsenden und in immer mehr Branchen vordringenden Informationsindustrie? Eins ist unstrittig: Information ist einer der strategischen Erfolgsfaktoren, und durch die Informationstechnologie und ihre rasante Entwicklung werden wir einerseits in unserer Entwicklung gefördert, andererseits aber auch in unserer Einflußnahme auf den Markt entscheidend bedroht.

Neue elektronische Systemanbieter verstärken ihren Auftritt: Online-Dienste wie Internet, T-Online, Compuserve, Europe Online, America Online und Microsoft-Network. Bereits heute sind weltweit mehr als 80 Millionen Teilnehmer in über 100 Ländern registriert. Informationstechnologie als Vertriebsinstrument gewinnt an Bedeutung. Ob Online, Multimedia oder Internet. Schneller als wir es vielleicht heute ahnen. Die Entwicklung in der Telekommunikation und im Mobilfunk führt dazu, daß sich die Schnittstellen dramatisch verändern. Die Online-Provider erreichen ihre Kunden über den PC, über Internet und Intranet, Mobiltelefone oder Pagerdienste. Der Kunde kann damit zu Hause, am Arbeitsplatz, auf der Reise, in der Freizeit, beim Shopping oder auch im Reisebüro mit kiosk-ähnlichen Produkten erreicht werden.

Im Reisemarkt globalisieren die großen Computerreservierungssysteme (CRS) ihre Schlagkraft und schaffen Andockstationen mit permanenter Verfügbarkeit. Der Airlinevertrieb ist damit erstmals kein geografisches Thema mehr; er hat nichts mehr mit dem Standort zu tun.

Unser Geschäft, unsere Wettbewerbsposition sowie unsere Fähigkeit, den Markt mitgestalten zu können, wird daher ganz entscheidend durch Informationstechnologie beeinflußt. Wenn wir den Zugriff auf die Daten unserer Kunden an andere verlieren, wenn wir nicht in der Lage sind, die Kundendaten in Wert zu setzen, dann werden dies andere tun. Dies müssen nicht nur andere Airlines sein, dies können die Globalen Reservierungssysteme, die weltweit agierenden Reisebüroketten oder Online-Provider wie das Microsoft-Network sein, die alle versuchen, Einfluß auf den weltweit boomenden Reisemarkt zu nehmen.

Das Grundproblem des Airlineproduktes ist, daß die von uns erbrachte und angebotene Leistung eine Commodity ist: sie ist austauschbar. Sicherheit, Pünktlichkeit und die effiziente Flugdurchführung sind selbstverständliche Grundvoraussetzungen geworden. Es gibt im internationalen Luftverkehr wenige Strecken ohne Wettbewerb. In Europa nehmen immer mehr Charter und

Low Cost Carrier Liniendienste auf. Der Preis bekommt für Privat- und Geschäftsreisende eine immer größere Bedeutung. Online-Dienste machen das komplexe Angebot zunehmend tranparent. Der Kunde hat fast immer die Wahl, und seine Loyalität gegenüber einer Airline ist entsprechend gering.

– Wie also differenziere ich mich als Airline?
Eine Airline hat keinen direkten Zugang zu ihren Kunden. Mehr als 95% unserer Ticketverkäufe werden von Reisebüros abgewickelt.

– Wer also kontrolliert den Kunden?
Der Weg zum Verbraucher ist bisher durch Massenmedien bestimmt. Die Streuverluste sind enorm, Einwegkommunikation ist die Regel, Feedback und Dialog bleiben eine Wunschvorstellung.

– Wie bauen wir demnach aber Partnerschaft bzw. eine dauernde Beziehung zu unseren Kunden auf?

Die Liste der bohrenden Fragen ließe sich fortführen:

– Was ist eigentlich unser Produkt? Was will der Kunde wirklich?

– Was können wir besser machen als andere? Was ist unsere Kernkompetenz?

1991 wurde weltweit ein ganzer Industriezweig vernichtet, plötzlich, brutal und trotzdem still und leise. Kaum jemand vermißt ihn heute. Mehr als 150 Jahre war das Telegramm ein Synonym für die Übertragung eiliger und wichtiger Nachrichten gewesen. 150 Jahre lang hatte die Telegrafie die Entwicklung der nationalen Volkswirtschaften zu einem globalen, eng vernetzten Wirtschaftssystem mit vorangetrieben. Heute bieten viele Telekom-Gesellschaften Telegramm-Services überhaupt nicht mehr an.

Der Wechsel von der Telegrafie zur Facsimile-Übertragung ist einer jener Veränderungsprozesse, die gerne als Paradigmen-Wechsel bezeichnet werden. Ein Bruch in einer langen kontinuierlichen Entwicklung.

Das Automobil leitete einen anderen Paradigmenwechsel ein, einen der zudem nicht nur die Wirtschaft revolutionierte, sondern auch die Gesellschaft radikal veränderte. Als das erste Automobil auf der Straße fuhr, ähnelte es noch eher einer pferdelosen Version der allzu bekannten Kutsche. Es wäre damals unvorstellbar gewesen, die Entwicklung vorherzusagen, die das Automobil bis heute eingeleitet hat. Auch Gottlieb Daimler konnte sich 1886 nicht vorstellen, daß es weltweit einmal mehr als 1 Million Exemplare dieser lärmenden, stinkenden und höchst unzuverlässigen Maschine geben würde. Heute sind es über 450 Millionen.

Auch wir durchleben momentan einen Entwicklungsbruch, auf den wir alles andere als vorbereitet sind. Das alte Paradigma, das System der Massenproduktion, der Massenmedien und des Massenmarketings wird durch ein Prinzip ersetzt, das die individuelle Beziehung zur entscheidenden Grundlage der Produktion, der Kommunikation, des Vertriebs und damit auch des Marketings machen wird. Das Segment-of-One Marketing oder One-to-One Marketing ist dabei, die traditionellen Marketingkonzepte und -instrumente in vielen Branchen ähnlich radikal zu vernichten wie das Telefax das Telegramm.

Massenmarketing hat das Ziel, *ein* Produkt oder *eine* Dienstleistung an möglichst viele Kunden zu verkaufen. One-to-One Marketing dagegen will einem einzigen Kunden über einen möglichst langen Zeitraum soviele Produkte wie möglich verkaufen. Massenmarketing muß permanent neue Kunden gewinnen. One-to-One Marketing versucht dagegen, neues Geschäft primär von seinen bestehenden Kunden zu bekommen, um damit den Share of Wallet, seinen Anteil am Gesamtpotential des Kunden zu steigern.

Der Champion des Massenmarketings ist das Produkt, sein Hero der Produktmanager, für den es darum geht, soviele Produkte an soviele Konsumenten wie möglich zu verkaufen. Der Champion des One-to-One Marketing dagegen ist der Kunde, sein Counterpart ist der Kundenmanager, für den der Kundenwert, die Kundenbeziehung, die Kundenbindung und die Kundenpflege Grundlage einer langfristigen Beziehung sind. Denn die besten Kunden sind die, die man hat und hält, nicht die, die man erst noch gewinnen muß.

Economies of Scale werden nie wieder die Bedeutung haben, die sie heute noch in vielen Unternehmen besitzen. Größe an sich ist nicht länger Voraussetzung, um erfolgreich und effizient zu produzieren, zu werben und riesige Mengen standardisierter Produkte und Services zu verkaufen. Im Gegenteil, Produkte und Dienstleistungen werden immer mehr auf den individuellen Geschmack zugeschnitten, elektronische Medien werden in der Lage sein, einzelne Kunden gezielt anzusprechen und viele Produkte werden per Telefon oder Fax bestellt und in wenigen Stunden ausgeliefert werden.

Die Fließbandtechnologie hat die Massenproduktion ermöglicht, aber erst durch das Entstehen der Massenmedien wurde auch die Entwicklung zum Massenmarketing möglich gemacht. Entsprechend wird die individuelle Kommunikation über One-to-One Medien zu einer radikalen Veränderung der Strategien führen, nach denen heute Unternehmen ausgerichtet und Märkte bearbeitet werden. One-to-One Marketing, das vielen hier und heute noch als Widerspruch in sich erscheinen mag, wird nicht nur die Spielregeln neu definieren, nach denen wir agieren, sondern alles bisherige auf den Kopf stellen.

One-to-One Marketing wäre ohne die Fortschritte in der Informationstechnologie nicht möglich gewesen. Seit 1950 sind die Kosten für die Verarbeitung eines einzigen Bits alle 20 Jahre um den Faktor 1.000 gesunken. Wenn Sie also im Jahr 1950 1 Mio. DM für Datenverarbeitung aufwenden mußten, dann kostete die gleiche Leistung 1990 nur noch 1 DM.

Die Entwicklung in der Computertechnologie und die Möglichkeiten der Telekommunikation ermöglichen es uns

– Kundendatenbanken aufzubauen, die uns in die Lage versetzen, spezifische Kunden zu selektieren,
– das Verhältnis zu unseren Kunden interaktiv zu gestalten und
– die aus der Interaktion gewonnenen Informationen für die Entwicklung maßgeschneiderter individueller Angebote zu nutzen.

Für den Kunden und die Anbieter werden dadurch neue magische Verbindungen geschaffen:

– personifizierbare elektronische Medien treten an die Stelle anonymer Print-Massenmedien,
– dialoggetragenes Database-Kundenmanagement ersetzt pauschale, nicht individualisierte Kundendaten,
– der Bildschirm und die Telekommikationsmedien ersetzen den Briefkasten und erlauben selbstbestimmbare, individuell gestaltete Zustellzeiten.

One-to-One Marketing entzieht sich dem Spektakel lautstarker und aufmerksamkeitsheischender Marketingaktionen. One-to-One Marketing ist kein punktuelles Ereignis, sondern ein langfristig, ja lebenslang angelegter Prozeß, der sich zunächst stufenförmig aufbaut, um dann in einem geschlossenem Regelkreis zu enden.

Kundensegmentierung und -bewertung

Am Anfang steht die Bewertung und Segmentierung des Kundenstammes. Nicht alle Kunden sind gleich. Das traditionelle Marketing hat nur ein ausgesprochenes Faible dafür, sie so zu behandeln. Jeder Kunde hat unterschiedliche Erwartungen an ein Unternehmen, und jeder Kunde stellt für das Unternehmen einen unterschiedlichen Wert dar.

Alle Versuche, den Kunden zu beschreiben und zu segmentieren, sei es demografisch, psychografisch, mit Hilfe firmeninterner Kundeninformationen, durch Kundenzufriedenheitsmessungen oder auf Basis von Verkaufsstatistiken führen nur zu Hilfs- und Näherungsgrößen, die nicht mehr als eine Ahnung der wirklichen Kundenerwartungen und des tatsächlichen Kundenwertes vermitteln.

Ein überzeugender Ansatz, um den Wert eines individuellen Kunden für ein Unternehmen zu bestimmen, ist die Ermittlung des Customer Lifetime Value. Customer Lifetime Value ist die Summe aller zu erwartenden Erträge eines einzelnen Kunden, bereinigt um die dem Kunden direkt zuortenbaren Kosten, abgezinst auf den aktuellen Wert. Der so ermittelte Kundenwert basiert aber nicht allein auf dem erwarteten Geschäftsvolumen.

Viele Kunden repräsentieren für ein Unternehmen nicht nur einen materiellen, sondern auch einen immateriellen Wert, der bisher weitgehend übersehen wurde. Sie empfehlen das Unternehmen an andere Kunden weiter und generieren so indirekt Zusatzerträge. Sie vermitteln aber auch wertvolle Informationen über ihre Einstellungen, Erwartungen und Präferenzen bis hin zu ihrem persönlichen Geschmack. Damit sind sie ein unschätzbarer, wenn auch noch weitgehend ungenutzter Inputgeber für die Entwicklung bzw. Veränderung der angebotenen Produkte und Services.

Sie mögen an dieser Stelle zu recht fragen, ob angesichts der 33 Mio. Passagiere, die die Lufthansa im vergangenen Jahr befördert hat, ein solcher Ansatz nicht von vornherein zum Scheitern verurteilt ist. Nun, hinter den 33 Mio. Lufthansa-Passagieren stehen zunächst einmal nur 4,6 Mio. Individualkunden. Ein Fluggast wird auf jeder Teilstrecke seiner Reise gezählt, so daß ein Kunde, der mit uns von Hamburg über Frankfurt nach New York und zurück fliegt, nicht einmal, sondern viermal erfaßt wird. Nicht wenige Kunden fliegen mehrmals im Jahr mit uns, so daß die Diskrepanz zwischen 33 Mio. Fluggästen und 4,6 Mio. Individualkunden zwar nach wie vor groß, aber durchaus nachvollziehbar ist. Die Tatsache, daß wir sehr viele Kunden haben, die selten mit uns fliegen und einen relativ niedrigen Flugpreis zahlen und daß andererseits wenige Kunden sehr häufig mit uns fliegen und einen relativ hohen Preis zahlen, führt dazu, daß nur 15% unserer Kunden fast 40% des gesamten Lufthansa-Ertrages generieren.

Innerhalb unseres Vielfliegerprogrammes Miles & More erzielen die Top 8% 60% des Gesamtertrages aller Miles & More-Mitglieder. Und, um es auf die Spitze zu treiben, 5% des Lufthansa-Gesamtertrages entfällt auf nur 0,4% unserer Kunden. Dies sind weltweit nicht mehr als 20.000 Kunden, von denen jeder für Lufthansa einen Lifetime Value von ca. 1,1 Mio DM darstellt. Entscheidet sich einer dieser Kunden im zarten Alter von 40 Jahren, nie mehr mit LH zu fliegen, dann bedeutet dies für uns einen potentiellen Ertragsverlust von 800 TDM.

Wenn Sie sich diese Zahlen auf der Zunge zergehen lassen und gleichzeitig in Betracht ziehen, welche Möglichkeiten ein Unternehmen heute aufgrund von Datawarehouse-Technologie und Direktmarketing-Know-how hat, dann werden Sie verstehen, daß die traditionelle Kundensegmentierung nach Geschäftsreisenden, Vielfliegern, jungen Familien, Senioren oder Aktivurlaubern für das Marketing an Wert verliert und sehr bald durch ein „Segment-of-One Marketing" ersetzt werden wird.

Zu der Aussage „Nicht alle Kunden sind gleich" gesellt sich daher die schlichte Beobachtung „Einige Kunden sind mehr wert als andere".

Wenn wir unseren Kundenstamm entsprechend des Customer Lifetime Value bewerten und unsere Kunden in 5 gleiche Gruppen einteilen, von denen jede 20% des gesamten Kundenstammes repräsentiert, dann ergibt sich eine klare Konzentration auf die Gruppe der A- und B-Kunden. Das allein ist nicht neu, und bestätigt nur einmal mehr Pareto's 80:20 Regel. Wenn wir aber der aktuellen Kundenwertigkeit das pro Kundensegment langfristig erreichbare Ertragspotential gegenüberstellen, dann wird ein sehr viel differenzierteres Vorgehen ermöglicht als die naheliegende, ausschließliche Konzentration auf die heute wertvollsten Kunden.

Jedes Kundensegment muß mit sehr unterschiedlichen Strategien angesprochen werden:

– Unsere A-Kunden realisieren das höchste Ertragsvolumen und weisen gleichzeitig die höchste Bindungsintensität zu Lufthansa auf. Sie stehen daher eindeutig im Fokus unserer Vertriebs- und Marketingaktivitäten. Unser Ziel ist es, die Bindung dieser Kunden zu Lufthansa auf dem bereits erreichten hohen Niveau zu halten. Dies ist leichter gesagt als getan, denn Kundentreue ist allein das Ergebnis erfüllter und gelegentlich auch übererfüllter Kundenerwartungen.

– Die B-Kunden besitzen ein vergleichbar hohes Ertragspotential wie die A-Kunden, realisieren dies momentan aber noch nicht bei uns. Sie haben das höchste Wachstumspotential aller Kundensegmente und könnten sehr viel häufiger mit Lufthansa fliegen als sie es heute tun. Deshalb ist es unser Ziel, das Geschäftsvolumen mit ihnen zu steigern und ihre Loyalität zu Lufthansa deutlich zu verbessern. Die Schwierigkeit der Aufgabe besteht darin, für jeden B-Kunden die Entscheidungsparameter herauszufiltern, die es uns wiederum erlauben, seine Reiseaktivitäten stärker auf Lufthansa zu lenken.

Die E-Kunden schließlich sind die Kunden, deren Erträge wahrscheinlich niemals die Kosten entsprechender Direktmarketingaktivitäten kompensieren werden. Jedes Unternehmen hat solche Kunden, aber die wenigsten kennen sie, und kaum ein Unternehmen trifft die Entscheidung, alle auf diese Kunden gezielten Aktivitäten einzustellen.

Kundenbindungsprogramme

Nach der Bewertung des Kundenstammes folgt als zweiter Schritt die Entwicklung von Konzepten und Instrumenten, die die Kundenloyalität aufbauen, erhalten und entwickeln sollen. Bis heute haben sich die Kundenbindungsaktivitäten der Airlines fast ausschließlich auf Vielflieger- und Bonusprogramme konzentriert, die primär Freiflüge oder andere Vorteile bieten. Loyalitätsprogramme, deren Mehrwert sich aber vorwiegend in materiellen Vorteilen erschöpft, erreichen sehr schnell die Grenzen ihrer wirklichen Bindungsfähigkeit. Von den weltweit 45 Mio. Flugreisenden, die Mitglieder in Airline-Programmen sind, beteiligen sich die meisten an 2 bis 4 Programmen. Dies deutet daraufhin, daß der Kunde nicht primär loyal gegenüber der Airline, sondern gegenüber dem aus seiner Sicht attraktivsten Flugplan ist.

Speziell die Vielfliegerprogramme in den USA sind ein gutes Beispiel für das sog. „Loyalty Purchasing". Die Attraktivität der Programme und die Möglichkeiten, Bonusmeilen zu erhalten, erhöhen sich für den Kunden mit zunehmender Flugaktivität. Die Entscheidung, Kundenloyalität über entsprechende Bonusangebote zu kaufen bzw. zurückzukaufen, fällt einem Unternehmen immer dann leicht, wenn es unter spürbaren Kundenabwanderungen zu leiden hat. Als taktische Maßnahme eingesetzt, hat sie natürlich nur eine zeitlich begrenzte Wirkung. Bonusprogramme können sehr schnell vom Wettbewerb egalisiert werden, und langfristig ist der Kauf der Kundentreue durch materielle Anreize nichts anderes als eine Preissenkungsmaßnahme. Erfolgreiche Kundenbindungsprogramme sind deshalb so konzipiert, daß sie immer den materiellen Anreiz mit der besonderen Wertschätzung verknüpfen, die den wichtigsten Kunden entgegengebracht wird. Wertschätzung oder „Customer Recognition" ist aber mehr als eine Gold Card, ein personalisierte Kofferanhänger oder die Mitgliedschaft in einem Kundenclub. Wertschätzung sollte, damit sie vom Kunden auch als authentisch erlebt wird, neben der wichtigen persönlichen Ansprache stets auch einen praktischen Nutzen beinhalten.

In den USA ist das „Best Interest Marketing" inzwischen Bestandteil vieler erfolgreicher Loyalitätsprogramme geworden. „Best Interest Marketing" heißt, die persönlichen individuellen Interessen des Kunden in den Vordergrund jedes Marketingprogrammes zu stellen. So nutzen Telefongesellschaften oder Banken die Möglichkeit, ihren besten Kunden aufgrund ihres in der Datenbank erfaßten Kommunikationsverhaltens bzw. ihres Anlageverhaltens und Kundenportfolios immer das für sie persönlich beste Angebot zu unterbreiten. „Best Interest Marketing" erfordert deshalb eine sehr persönliche und individuelle Auseinandersetzung mit dem Kunden, aber es unterscheidet sich damit auch spürbar und erfolgreich von den weitgehend standardisierten Bindungs- und Bonusprogrammen. „Best Interest Marketing" kreiert für den Kunden einen konkreten Nutzen, einen Mehrwert, der die Qualität der Kundenbeziehung deutlich verbessert und für die Wettbewerber gleichzeitig eine Eintrittsbarriere darstellt.

Produktqualität und Kundenzufriedenheit

Es gibt keinen Ersatz für Qualität. Kein Kunde wird zum wiederholten Mal ein schlechtes Produkt kaufen oder schlechten Service akzeptieren. Nur 1% Fehler oder Mißverständnisse bedeuten für Lufthansa bei 200 Mio. jährlichen Kundenkontakten 2 Mio. Negativeindrücke pro Jahr bzw. 5.500 pro Tag. Und wenn nur 5% unserer Kunden aufgrund schlechter Qualität nicht mehr mit uns fliegen, führt dies zu einem Ertragsausfall von ca. 350 Mio. DM pro Jahr.

Voraussetzung für den Erfolg von One-to-One Marketing ist daher, daß die Produkt- und Servicequalität mindestens auf dem Niveau der Wettbewerber liegt. Viele Unternehmen führen heute Kundenzufriedenheitsuntersuchungen durch, messen ihre Qualität und haben einen Customer Service Index (CSI) als Kennzahl und Führungsgröße in ihr Management Reporting aufgenommen. Viele Unternehmen unterliegen dabei aber auch dem Irrglauben, daß hohe Kundenzufriedenheitswerte bzw. ein hoher CSI-Wert bereits ein ausreichender Beweis für entsprechend erfolgreiche Kundenbindung sind. Dabei bleibt unberücksichtigt, welchen Einfluß die untersuchten Leistungselemente auf die Kundenbindung haben. Es geht nicht darum, Qualität um jeden Preis zu produzieren, die Konkurrenten möglichst weit zu übertreffen und einen Wettbewerb um die höchsten Qualitätsindices einzuleiten, sondern es geht darum, sich mit dem spezifischen Kundenbindungspotential jedes einzelnen Qualitätsaspektes auseinanderzusetzen und dabei die optimale Kombination aller Leistungskriterien zu erreichen.

Wir steuern unser Qualitätsmanagement seit Anfang 1997 mit Hilfe von Tri:M. Tri:M steht für Measuring, Managing, Monitoring oder Messen, Machen und Mitteilen im Sinne von Überwachen. Ein Unternehmen muß wissen, wo es steht. Es muß aufgrund dieser Information handeln und dann überprüfen, ob die eingeleiteten Aktionen angesichts der Aktivitäten seiner Wettbewerber und der veränderten Kundenerwartungen die gewünschten Ergebnisse gebracht haben.

Es hat sich dabei gezeigt, daß es nicht ausreicht, nur die Beurteilung der Qualität der Leistung bzw. die Kundenzufriedenheit zu messen, sondern es ist auch wichtig zu wissen, inwieweit unsere Kunden sich über Mundpropaganda für uns engagieren bzw. wie stark sie durch objektive Barrieren (z.B. das Flugplanangebot) an einem Wechsel der Airline gehindert werden. Neben der Beziehungsintensität gibt Tri:M Auskunft darüber, welche Merkmale das Urteil der Kunden am stärksten beeinflussen. Wir erhalten sowohl Informationen darüber, wie bedeutsam ein Thema für die Kommunikation ist, worüber unsere Kunden mir uns sprechen wollen, wie auch über den Einfluß eines Merkmals auf die Bindungsintensität. Dadurch können wir sofort erkennen, in welchen Bereichen gehandelt werden muß, wenn wir die Bindungsintensität verstärken möchten.

Beziehungsmanagement

Der wohl wichtigste und wirksamste Schritt für ein Unternehmen im Rahmen einer langfristigen Kundenbindungsstrategie ist die Ausrichtung seiner Produkte und Services auf die Erwartungen und Bedürfnisse der individuellen Kunden. Wenn der Kunde die Möglichkeit hat, dem Unternehmen seine Erwartungen, Bedürfnisse, Likes und Dislikes zu vermitteln, und wenn er dann ein Produkt- oder ein Dienstleistungsangebot erhält, das seinen persönlichen Anforderungen gerecht wird, dann wird es ihm schon einige Mühe bereiten, eine vergleichbare Leistung bei einem anderen Anbieter zu finden. Dies ist das Prinzip der „lernenden Kundenbeziehung" bzw. der „Learning Relationship", einer Beziehung, die mit jeder Interaktion zwischen Anbieter und Kunde in ihrer Qualität zunimmt.

Stabile Kundenloyalität entsteht dann, wenn ein Kunde sich mit einem Unternehmen spürbar stärker identifiziert als mit den Wettbewerbern. Der beste Weg, um diese Identifikation zu stabilisieren und zu stärken besteht darin, das individuelle Kundenfeedback in die Produkt- und Serviceentwicklung einfließen zu lassen. Wenn ein Unternehmen seine Kunden dazu bringt, Zeit und Energie zu investieren, damit es sich mit Hilfe der so gewonnenen Informationen besser auf die individuellen Bedürfnisse seiner Kunden einstellen kann, dann hat der Kunde ein hohes Eigeninteresse, auch möglichst lange ein loyaler Kunde zu bleiben.

Durch die „lernende Beziehung" entsteht gleichzeitig eine Austrittsbarriere, die den Kunden davon abhält, diesen Lernprozeß ein zweites Mal mit einem Wettbewerber zu durchlaufen, nur damit er schließlich am Ende dieses Prozesses auch dort das auf ihn zugeschnittene Produkt erhält.

Das als wesentlicher Vorteil beschriebene Merkmal des Massenmarktes, nämlich die unbegrenzte Auswahl und Angebotsbreite, bedeutet für viele Kunden mehr Belastung als Erleichterung. Wer hat schon die Zeit, sich durch hunderte von Alternativen durchzuarbeiten, um dann endlich das eine, passende Produkt zu finden?

Die Ritz-Carlton Hotelkette, die 1992 als erstes Serviceunternehmen den renommierten Baldridge Award gewinnen konnte, sieht in jeder Kundenbeschwerde und in jedem Kundenkommentar eine Chance. Jede dieser Chancen wird in die Kundendatenbank eingegeben, die die Kundenprofile von ca. 500.000 Hotelgästen enthält. In jedem der 31 Ritz-Carlton Hotels haben die Angestellten Zugang zu den Kundenprofilen. Ritz-Carlton macht nichts anderes, als sich das zu merken, was seine Kunden von diesem Hotel erwarten, und

Ritz-Carlton nutzt dieses Wissen, um den Service so individuell wie möglich auf jeden einzelnen Kunden auszurichten. Wenn Sie zum Beispiel im Ritz-Carlton in Marina del Rey um ein hartes Kopfkissen gebeten haben, und wenn Sie einen Monat später im Ritz-Carlton in Boston übernachten, dann werden Sie auf Ihrem Zimmer ein hartes Kopfkissen vorfinden, auch wenn Sie vergessen haben sollten, danach zu fragen. Ob Sie einen Tisch für Ihren Computer, eine Minibar ohne alkoholische Getränke oder ein Stück Eis in Ihrem Glas Weißwein wünschen, das Sie beim Room Service bestellen, jede persönliche Bitte, jeder Vorschlag, jede Beschwerde wird notiert und gespeichert.

Ein Kölner Herrenschneider bietet seinen Kunden seit Januar 1997 die Möglichkeit, ihre Hemden über das Internet selbst zu designen. Die Kunden klicken ihre Maße ein, erhalten Informationen über die Kragen- und Manschettenformen und wählen unter den angebotenen Stoffmustern aus. Selbstverständlich kann in das Maßhemd auch das persönliches Monogramm eingestickt werden. Bevor der Kunde bestellt, geht er auf „Hemdenansicht" und sieht sein „selbst gefertigtes" Produkt. Bezahlt wird mit der Kreditkarte. Beim zweiten Bestellvorgang sind die verschlüsselten Daten bereits gespeichert. Es reicht, wenn der Kunde den Stoff auswählt. Aus einem lokalen Anbieter ist so schnell ein Global Player geworden. Unter den 50.000 erfaßten Adressen sind 10.000 Stammkunden. Nicht wenige Kunden, die häufig auf Reisen sind, ordern von unterwegs, egal ob aus einem Hotel in Berlin oder aus Südamerika.

Levi Strauss bietet in den USA maßgeschneiderte Damenjeans an, die zu einem 20% höheren Preis verkauft werden als die vorgefertigte Standardware. Als einer der ersten Massenproduzenten in der Bekleidungsindustrie hat Levi Strauss der Tatsache Rechnung getragen, daß der Mensch nun einmal asymmetrisch gebaut bzw. gewachsen ist. Viele Kundinnen kaufen keine Jeans, weil sich ihr individueller asymmetrischer Körperbau eben nicht mit einer symmetrisch gefertigten Jeans in Einklang bringen läßt. In ca. 60 Levi Strauss Shops können sich die Kundinnen ihre individuellen Maße einscannen lassen, die dann per Modem an die Produktionsstätten übertragen werden. Die maßgefertigte Jeans wird ca. 2 Wochen später direkt nach Hause geliefert.

Der kanadische Einzelhandelsverband hat im Rahmen einer Verbraucherstudie herausgefunden, daß 1/3 aller Kanadier mehr Geld als Zeit haben. One-to-One Marketing wird es immer mehr Unternehmen ermöglichen, diejenigen Kunden zu identifizieren, die eine „Learning Relation-ship" aufbauen wollen, weil für sie das Mehr an Convenience langfristig wichtiger ist als ein mit einem Preisabschlag versüßter Kompromiß.

Die Zukunft der Marktforschung

Der Erfolg von One-to-One Marketing steht und fällt mit der verfügbaren Data Warehouse Technologie. Das Data Warehouse ermöglicht die integrierte Kundenbetrachtung über alle Produktlinien, Geschäftsfelder und Vertriebskanäle, und es bietet damit die Chance, Kunden besser zu bedienen, ihre Zufriedenheit zu steigern, Erträge zu erhöhen und eine stabile langfristige Kundenbeziehung aufzubauen.

Beschleunigte Veränderungsprozesse als Antwort auf den anhaltenden Wettbewerbsdruck, Deregulierung und Globalisierung verlangen den Einsatz modernster Informationstechnologie, um im Wettbewerb bestehen zu können. Das aber heißt, Märkte zu verstehen, zu beobachten, wie sich Kunden verhalten, wie unternehmerische Aktionen im Markt beim Kunden ankommen und zu verfolgen, in welcher Form, mit welcher Dynamik und in welche Richtung sich Märkte und Kundensegmente verschieben.

Dies hätte man so bereits vor 10 oder 20 Jahren formulieren können, um damit das Einsatzspektrum der Marktforschung zu beschreiben. Doch der Faktor Zeit, die Forderung, Daten, Informationen und Analysen innerhalb weniger Minuten verfügbar zu haben und die Notwendigkeit, für jeden Kunden das optimale Angebot auf Basis der letzten Transaktionsdaten zu entwickeln, werden die Marktforschung aus angestammten Einsatzfeldern verdrängen und ihr in vielen Unternehmen eine neue Rolle zuweisen.

Wir führen bei Lufthansa seit über 25 Jahren eine kontinuierliche Fluggastbefragung durch, die uns in die Lage versetzt, das gesamte Flugreiseaufkommen von, nach und über Deutschland zu erfassen. Es wird nicht mehr lange dauern, dann wird diese Studie Geschichte sein. Bereits heute werden uns die Buchungsdaten fast aller Computerreservierungssysteme zur Verfügung gestellt, die Analysen für jeden Reservierungsvorgang, für jeden einzelnen Tag und für jedes Reisebüro ermöglichen. Unser Vielfliegerprogramm liefert uns sämtliche Aktivitäten unserer Kunden nicht nur auf Lufthansa-Flügen, sondern auch bei unseren Partnerairlines sowie bei den angeschlossenen Hotels und Mietwagenunternehmen. Während uns Marktforschungsdaten erst Wochen nach dem Berichtszeitraum zur Verfügung stehen und nur sehr globale Aussagen und Interpretationen zulassen, bieten uns die Reservierungssysteme und Vielfliegerprogramme aktuelle tägliche Daten, heruntergebrochen bis auf den einzelnen Kunden.

Wir haben in den 80er Jahren viel Geld und Zeit in die Entwicklung von Typologien investiert. Wir sind klüger geworden und konnten perfekte Werbebriefings schreiben, aber näher an die Kaufentscheidung hat uns das nicht gebracht. Bald werden wir jeden First Class-Kunden innerhalb von 14 Tagen nach seinem letzten Flug anrufen und ihn befragen, wie zufrieden er mit seiner Reise war, wie er bestimmte Elemente unserer Leistung beurteilt und was er darüber hinaus von uns erwartet. Wir werden natürlich auch versuchen, Informationen über seine zukünftige Reiseplanung zu erhalten, und, falls er bereits seine konkreten Reisetermine kennt, für ihn eine Reservierung vornehmen. Wir kombinieren Qualitätsmonitoring, Customer Care, Customer Research, Produktpräsentation und Telefonverkauf, wissen nach jedem Telefonat mehr und sammeln damit sehr viel kundenspezifischere, aktuellere und präzisere Daten als sie uns die traditionelle Marktforschung liefern kann.

Wenn PC-gestützte Conjoint Measurement-Befragungen heute die Regel sind, dann werden es morgen Conjoint-Studien sein, die wir per Internet mit spezifischen, vorselektierten Kunden und Kundengruppen durchführen.

Die US-Warenhauskette Wal-Mart hat mit Hilfe ihrer Database-Technologie herausgefunden, daß es nach Büroschluß besonders günstig ist, Bier neben Windeln zu plazieren. Man ist über Data Mining treusorgenden Männern auf die Spur gekommen, die nach getaner Arbeit häufig ein Paket Windeln mitnehmen - und eben das Sixpack für den Vater.

Der Schlüssel, um vergleichbare Informationen für den Reisemarkt zu erhalten, ist die Kreditkarte. Ein großer Teil unserer Stammkunden besitzt eine Lufthansa AirPlus-Kreditkarte. In der Regel wird eine der im Duo angebotenen Karten für Geschäftsreisen genutzt, mit der anderen Karte werden die privaten Ausgaben bezahlt. Bei der Auswertung der Kartenumsätze gibt es für uns sehr interessante Ansatzpunkte, um beispielsweise zu ermitteln, inwieweit unsere Kunden Flüge unserer Wettbewerber buchen. Diese Wahrscheinlichkeit ist immer dann sehr hoch, wenn der Kunde zwar in einem Hotel in Tokyo übernachtet hat, aber weder auf dem Hin- noch auf dem Rückflug mit Lufthansa geflogen ist.

Fast alle US-Airlines sowie einige europäischen Fluggesellschaften bieten ihren Kunden sog. Affinity Cards an. Dies sind Kreditkarten, bei denen der Kunde nicht nur Meilen für Flugreisen und Hotelübernachtungen sammeln kann, sondern für jeden umgesetzten Dollar eine Meile gutgeschrieben bekommt. Affinity Cards verfolgen zwei Ziele:

– sie generieren beträchtliche Zusatzerträge für die Airline, da die Bank für jede Meile einen bestimmten Betrag an die Airline zahlt,
– die Airline erhält einen sehr viel umfassenderes Bild über ihre Kunden, da sie über die Kreditkartenumsätze Zugang zu Daten bekommt, die nicht nur auf Flugreisen beschränkt sind.

Mit Hilfe von Data Mining Tools wird es möglich

- die Kundenertragssituation zu validieren,
- Kunden nach ihrem Zahlungs- und Konsumverhalten zu segmentieren,
- Lifestyle-Typen zu modellieren (moderne Singles mit hohem Lebensstandard, berufstätige Eltern mit studierenden Kindern, wohlhabende Berufstätige ohne Kinder, etc.),
- die Response - bzw. Kaufwahrscheinlichkeit zu prognostizieren, aber auch
- Risiken zu identifizieren und zahlungsunfähige sowie in betrügerischer Absicht handelnde Kunden zu separieren.

Die konventionelle Marktforschung befindet sich in einem Dilemma. Sie wird überrollt von einem Technologieschub und von einem rasanten Entwicklungsprozeß auf Seiten der Anwendungssoftware und des Data Mining, der primär zwei strategische Vorteile bietet: Schnelligkeit und damit Aktualität sowie Individualisierung und damit Zielgenauigkeit.

Markforschung hat den Anspruch, den Markt, seine Strukturen und Zusammenhänge verständlicher zu machen. Market Research befaßt sich mit Menschen, deren Meinung und Verhalten repräsentativ für andere sind, und liefert damit immer anonyme Daten. Wir als Dienstleistungsunternehmen müssen unseren Kunden verstehen, wir müssen wissen, wer er ist, und was er will. Wir betreiben deshalb zunehmend Customer Research, weil wir individuelle und damit onyme Daten benötigen.

Selbstverständlich setzen wir uns dabei nicht über die datenschutzrechtlichen Bestimmungen hinweg, sondern gehen sorgfältig mit den ausschließlich uns zur Verfügung stehenden Daten und Ergebnissen um. Wir können die notwendige Datenbeschaffung für das One-to-One Marketing aus Gründen der standesrechtlichen Selbstbeschränkung sowie des Datenschutzes nur zum Teil mit Hilfe von Marktforschungsinstituten realisieren. Deshalb entsteht parallel zum traditionellen Market Research Bereich ein Customer Research Team, das seinen Fokus primär auf die Weiterentwicklung und Auswertung der vorhandenen Kundendaten legt.

Data Warehouses, die die benötigten internen und externen Datenquellen zusammenführen und auswerten, vermitteln uns die benötigten Informationen nicht nur schneller, sondern sie versetzen uns auch in die Lage, Informationen nach „kritischen" Momenten aufzubereiten und leisten damit Decision Support. Data Warehouse Technologie und One-to-One Marketing ermöglichen es uns endlich, das Flächenbombardement auf anonyme Massenmärkte einzustellen und mit Hilfe chirurgischer Operationen individuelle Beziehungen zwischen Anbieter und Individualkunde aufzubauen und zu entwickeln.

Zumindest in der Airlineindustrie steht die Marktforschung an einem Wendepunkt. Dies betrifft sowohl die Instituts- wie auch die betriebliche Marktforschung. Marktforschung muß ihre Mission und ihr Selbstverständnis neu definieren. Die Zeiten, in denen es ausreichte, Daten zu liefern und den Kunden bei der Umsetzung alleine zu lassen, sind bereits lange vorbei. Marktforschung muß sich und vor allem ihren Auftraggebern Rechenschaft darüber ablegen, welchen Wertschöpfungsbeitrag sie einem Unternehmen bringt.

Der „Return on Research" ist heute und erst recht in Zukunft nicht weniger wichtig als der „Return on Investment". Marktforschung muß es vermeiden, als Kostenfaktor und Aufwandsposten eingeordnet zu werden, sondern deutlich machen, daß Marktforschung einen Mehrwert generiert, der eine Investition in die Zukunft des Unternehmens darstellt. Marktforschung muß sich fragen, was ein Unternehmen in Zukunft wirklich braucht. Kein Unternehmen bestellt eine Marktforschungsstudie um ihrer selbst Willen. Es ging immer, und es wird immer darum gehen, Fragen zu beantworten und mit Hilfe der Antworten Probleme zu lösen. Doch um Decision Support zu leisten oder um notwendige Aktionen vorgeben zu können, benötigt die Markforschung Skills, über die nur wenige Institute verfügen. Marktforschung wird in Zukunft Studien- und Umfrageergebnisse nicht mehr als isolierte Dienstleistung verkaufen können. Für die Auftraggeber geht es viel mehr um eine umfassende Beratungsleistung, um die Anpassung des Unternehmens an veränderte Rahmenbedingungen, um neue Organisationsstrukturen und Prozesse, um die Entwicklung neuer Skills, um benötigte Systeme und Tools.

Angesichts dieser komplexen Aufgabenstellung ist heute der Unternehmensberater der akzeptierte und etablierte Gesprächspartner des Managements. Die Diskussion über Daten und Informationsverarbeitung wird mit Systemhäusern, IT-Beratern sowie mit Software und Hardware Providern geführt. Abgekoppelt von diesen Entscheidungsprozessen führt die Instituts- und betriebliche Marktforschung ein Eigenleben, das schnell in die Isolation führen kann. Abgekoppelt davon droht die Marktforschung zu einem reinen Zulieferer zu degenerieren, der keinen wahrnehmbaren Mehrwert kreiert und keinen Einfluß auf die Entscheidungsprozesse im Unternehmen besitzt.

Wenn Marktforschung allerdings nicht nur Daten generieren und Informationen liefern will, sondern wenn Marktforschung den Anspruch erheben möchte, die Entscheidungsfindung zu unterstützen, Prozesse zu optimieren und dem Kunden als „Intelligenzverstärker" zu dienen, dann muß die Qualifikation und das Leistungsspektrum vieler Institute ein völlig anderes werden.

One-Stop-Shopping ist nicht nur eine Forderung, die wir für unsere Fluggäste realisieren wollen, One-Stop-Shopping bedeutet für mich, einen kompetenten Gesprächspartner zu finden, der Beratungsleistung, Marktforschungs- und Marketing-Know-how sowie IT-Lösungen als integrierte Gesamtlösung anbieten kann. Für die Institute bedeutet dies, entweder kritisch über ihr Leistungsportfolio nachzudenken und gezielte Investitionen vorzunehmen oder strategische Partnerschaften einzugehen, die es ihnen ermöglichen, ein umfassenderes und zukunftsorientierteres Leistungsspektrum anzubieten.

Wie hatte Theodore Levitt noch gesagt? „Unternehmen müssen ihren Erfolg daraus ableiten, wie sie mit den Bedürfnissen und Wünschen ihrer Kunden umgehen und nicht wie unerschütterlich sie an die Langlebigkeit ihrer eigenen Produkte glauben."

Die Airlines haben die amerikanischen Eisenbahnen an den Rand der Bedeutungslosigkeit gedrängt. Das Telefax hat das Telegramm überflüssig gemacht. Wer bedroht Ihre Existenz und Ihre Zukunft?

Sie, meine Damen und Herren, stehen vor der Entscheidung, ein Value Management zu etablieren, das für Ihre Kunden attraktiv genug ist, um mit Ihnen eine lange und für beide Seiten profitable Beziehung einzugehen. Sie haben die besten Voraussetzungen, um eine „Learning Relationship" mit Ihren besten Kunden aufzubauen.

Nutzen Sie die Chance. Denn nur wer sich ändert, bleibt.

Robert Leicht

Journalismus und Demoskopie

Eigentlich gibt es kaum zwei Gewerbszweige, die einander so ähnlich sind, wie der Journalismus und die Demoskopie: Beide stellen sie Ermittlungen an, beide befriedigen sie, gegen Geld natürlich, mit ihren Ermittlungen die Neugier ihrer Abnehmer.

Gleichzeitig gibt es nur wenige Gewerbe, die einander so fremd sind, oder besser vielleicht: sein sollten, wie der Journalismus und die Demoskopie. Denn idealiter, oder sagen wir genauer: idealtypischerweise verdankt der Journalismus seine Bedeutung seinem Wirken im vollen Licht der Öffentlichkeit, mit seiner politischen Kritik konterkariert er Herrschaftswissen. Die Demoskopie hingegen sammelt Herrschaftswissen, und die Veröffentlichung ihrer Ergebnisse geschieht oft genug, wenngleich nicht immer für jedermann erkennbar, im partiellen oder parteilichen Herrschaftsinteresse.

Ich sage das eine wie das andere zunächst ohne jeden moralisierenden Unterton - rein als faktische Feststellung sowohl einer großen funktionalen Nähe als auch einer großen funktionalen Distanz.

Und noch eine Differenz: Der Meinungsforscher sagt, wie das Volk tatsächlich denkt. Der Journalist als politischer Publizist sagt dem Volk, wie es - nein, nicht: denken soll, - aber wie es denken könnte. Und an dieser Differenz wird später noch das Wesentliche festzumachen sein.

Zunächst aber sollte ich Ihnen vielleicht skizzenhaft berichten, inwieweit ich in den fünf Jahren als Chefredakteur operativ mit Meinungsforschern zu tun hatte. Und im Rückblick war das gar nicht so wenig.

Nehmen wir das fast schon zum Gesellschaftsspiel gewordene Thema vorweg: Meinungsforschung im Wahljahr. Wir wollten das Wahljahr '94 begleiten - teils des unbestreitbar vorhandenen Amüsements wegen: Wie immer kritisch man als Journalist über Umfragen denkt - selber interessiert einen weniges so sehr wie die neueste Umfrage. Wahrscheinlich also auch die Leser. Wir haben dann allerdings zusammen mit Infratest-Burke versucht, von der bloßen Sonntagsfragen-Spielerei so weit wie möglich uns zu entfernen. Also einmal im Monat nach Themen zu fragen. Hinzukam, daß in diesen Vorwahlzeitraum sowohl die Wahl des neuen Bundespräsidenten als auch die Europawahl fiel. Es war ja im übrigen das Superwahljahr.

Zur praktischen Abwicklung nur soviel: Gemeinsam haben wir die Fragen und Themensequenz besprochen. Das Institut lieferte seine Daten. Wir als Redakteure haben versucht, das Material, das in Tabellen und Graphiken aufbereitet wurde, in einer Art Kolummne journalistisch umzusetzen und zuzuspitzen - aus der Feder immer desselben Autors, damit die Stilebene gewahrt wurde, also frei nach der Methode: Dies und das fiel auf. Der Text dieses Redakteurs wurde aber jedes Mal vom Institut gegengelesen, um sicherzustellen, daß nicht der Demoskop über flagranten oder filigranen Fehlinterpretationen die Hand über dem Kopf zusammenschlagen mußte. Ich glaube, dieses Geschäft hat beiden Seiten sogar ein wenig Spaß gemacht. Wie die Wahl ausgegangen ist, das wissen Sie ja.

Aber nach einem Wahltag will man ja immer wissen, *warum* sie so ausgegangen ist. Deshalb zur zweiten Form unserer Kooperation mit der Demoskopie. Inzwischen kommen ja die Nachrichtenagenturen mit ausführlichen Interpretationen, die sich auf die jeweiligen Institute stützen, bereits am Montagnachmittag auf den Markt - gedrängte Ausgaben dessen, was am Abend dem staunenden Publikum bereits per Fernsehen weithin schon mitgeteilt worden war. Damit ist für eine Wochenzeitung, die erst am Donnerstag auf den Markt kommt, kaum noch ein komparativer Blumentopf zu gewinnen.

Wir haben aber immer wieder die Forschungsgruppe Wahlen gebeten, uns zu bestimmten, wie uns immer noch schien: unterbelichteten Fragen Einzelkommentierungen zu schreiben. Soweit, so konventionell kann man sagen.

Deswegen komme ich auf drei größere Projekt zu sprechen, in denen sich die Resonanz zwischen Journalismus und Demoskopie schon systematischer darstellen läßt.

Vor Jahren, es war kaum nach der Wende, erfuhr ich bei einer kleineren Konferenz, daß Infratest schon vor 1989 - sagen wir einmal: nahe am Puls der ostdeutschen Bevölkerung gefühlt hatte. Das brachte uns über kurz oder lang zu der Idee: Könnte man nicht aus Anlaß eines Jahrestages der deutschen Vereinigung, es war der dritte, einmal nachsehen, wie die Ostdeutschen wirklich über diesen Prozeß denken - und dies auf dem Hintergrund der Einstellungen auszuleuchten, die diesen Bürgern vor der Wende zueigen waren. Ein Jahr später war es dann interessant, die Befragung im Kern zu wiederholen - um dem Trend auf die Spur zu kommen. Wie mir schien, war das Bild nicht so schlecht, wie es die sich artikulierende Minderheiten, oder: die sich artikulierenden Eliten zeichneten.

Sodann haben wir eine größere Umfrage zum Thema „Student heute" gestartet, um einmal der verblüffenden Beobachtung nachzugehen, daß es den Studenten in ihren unmittelbar eigenen Studienbedingungen so schlecht geht, wie schon lange nicht mehr - daß sich dieser, wenn er denn vorhanden sein sollte, berechtigte Mißmut aber offenbar nicht zu einem politischen Sprengsatz bündelt. In der Tat hat auch diese Befragung, so interessant sie für viele Experten und Funktionsträger war, das Pech gehabt - oder sagen wir es anders: Wäre die Studentengeneration von heute zornig bis an den Rand der Revolte - diese Umfrage hätte viel mehr Furore gemacht.

Gestatten Sie mir in diesem Zusammenhang eine Nebenbemerkung: Wenn es zutrifft, daß Mitte der sechziger Jahre die Studienbedingungen an den deutschen Hochschulen unvergleichlich besser waren als heute, erst recht aber die Bedingungen am akademischen wie am nicht-akademischen Arbeitsmarkt, wird man nachträglich noch einmal völlig neu ansetzen müssen bei der Interpretation des Phänomens der 68er-Revolte. Vielleicht auch deshalb, weil diese Generation, soweit sie in die unmittelbare Politik strebte, sich gegenwärtig als Ausfallsprodukt erweisen könnte. Womit ich übrigens nicht behaupten will, daß die Bundesregierung ihrerseits aus lauter 68ern bestehe... Aber im Ernst: Da gibt es rückblickend zusätzlichen Interpretationsbedarf. War dies wirklich eine Studentenrevolte? Hatte diese Revolte irgend etwas zu tun mit der tatsächlichen Lage des studentischen Daseins? Oder muß man nicht die gesellschaftlichen Ursachen in einem vielarmigen Delta von Strömungen suchen?

Die Umfrage unter den Ostdeutschen erwähnte ich bereits: hier galt schon, wie übrigens auch bei der Studentenumfrage, erst recht aber galt bei dem vorerst jüngsten Projekt ein für mich wesentliches Prinzip. Aber zunächst zu diesem zuletzt zu nennenden Projekt. Einige unter Ihnen haben vielleicht in der „New York Times" die große Serie gelesen: „Downsizing America" - eine aufregende, ungeheuer breite journalistische Darstellung und demoskopische Untersuchung eben dieses Downsizing-Prozesses, der ja bis mitten in die bürgerlich-wohlhabende Leserschicht auch der NYT hineinreichte. Wir haben dieses Projekt auf die Bedingungen der Bundesrepublik übertragen, und eben auch bei uns journalistische Recherche und demoskopische Erhebung parallel geführt.

Nun zum versprochenen systematischen Punkt: Man sagt ja oft genug etwas spöttisch, wozu die Meinungsforscher umfängliche Untersuchungen brauchten - das könnten Journalisten mit einigen klugen Reportagen viel anschaulicher herausfinden, das könne man genausogut mit einiger Wachsamkeit in den Zeitungen finden. Den Demoskopen sei Trost: Dasselbe behauptet man mit einiger Regelmäßigkeit auch über die Diplomaten.

Mir war aber in all diesen Projekten eines wichtig: Wir wollten die genaue, einfühlsame, dramatische Reportage auf den Hintergrund der repräsentativen Analyse stellen. Wollten also herausfinden, ob das, was artikulierte Eliten oder emotional Betroffene sagen (und beides sind die natürlichen persönlichen Quellen des Reporters, machen wir uns nichts vor: die Ansicht des Meinungslosen, des Gleichgültigen, des Zufriedenen kann den Journalisten kaum mehr interessieren als die berüchtigte gute Nachricht) - wir wollten also herausfinden, inwiefern das in der subjektiven Reportage sorgfältig Ermittelte und hochwirksam Geschriebene wirklich repräsentativ ist.

Die Resultate waren in aufsteigender Tendenz: bei den Studenten deckten sich journalistische und demoskopische Erhebung, bei den Ostdeutschen ergab sich eine wahrnehmbare Differenz - beim „Downsizing Germany" verblüffte uns die Differenz der Wahrnehmung einerseits zwischen Amerika und Deutschland, andererseits zwischen der journalistischen Berichterstattung und der Selbsteinschätzung der potentiell Betroffenen.

Ich will gar nicht auf die Ergebnisse im Einzelnen eingehen, sondern nur unumwunden ein Doppeltes einräumen: Ich fand die Kooperation damals ungemein spannend und übrigens auch notwendig - komme aber nachträglich wenn nicht in Zweifel, so doch auf zweite Gedanken.

Zweifellos waren in der - nennen wir sie einmal so - Downsizing-Serie alle Elemente wahr, die journalistischen wie die demoskopischen; ich stehe auch immer noch zu diesem Projekt.

Aber nun die Frage: Soll es sich der Journalist nicht an seiner Reportage genug sein lassen? Könnte es für ihn nicht ausreichen zu beweisen: „Diesen Fall gibt es, die betroffene Person kennt Ihr, die Leser (und Politiker) jetzt. Wir alle wissen, so etwas sollte nicht vorkommen. Tut etwas - helft den Leuten, die in eine solche Lage kommen und kommen könnten"? Besteht, wenn man das wahrhaftige individuelle Drama von vornherein auf die ebenso wahre demoskopische Folie der repräsentativen Befragung legt, nicht die Gefahr, daß der Journalist das individuelle Drama, das doch auch sein Recht hat, entschärft? Daß er also das individuelle Drama kollektiviert und damit nivelliert. Ich frage vorerst nur - und die Frage ist wirklich kompliziert, weil es ja der Gegensatz zwischen zwei Teilen der selben Wirklichkeit ist. Aber welches ist die richtige Rolle des Journalisten?

Wir kennen natürlich die vertrackten Perspektiven-Probleme des Journalismus: Wir schreiben ja auch immer wieder über die 20 Prozent PDS-Stimmen im Osten - und heben dabei nicht immer zugleich hervor, daß das doch im selben Atemzug heißt: 80 Prozent der Ostdeutschen wählen *nicht* die PDS. Und das finde ich immer noch das interessanteste Ergebnis.

Bisher sprechen wir nur von Perspektiven-Unterschieden zwischen Journalismus und Demoskopie - von der unterschiedlichen Betrachtung derselben Wirklichkeit. Aber eben nur von der Betrachtung.

Ich hatte ja eingangs darauf abgestellt, daß der Demoskop darüber berichtet, wie das Volk tatsächlich denkt - der Journalist aber schreibt, wie es potentiell denken könnte (oder, von mir aus: sollte). Wir stoßen hier also auf die Differenz zwischen der faktischen und der normativen Ebene, oder neu-kantianisch formuliert: zwischen Sein und Sollen.

Kein weltfremdes Moralisieren, auch kein Wegwünschen des inzwischen einfach nicht mehr aus Welt zu Schaffenden, trotzdem: Ich glaube immer noch daran, daß der normative Diskurs („Wie soll unsere Gesellschaft und Politik künftig aussehen?") im vollen Lichte der Öffentlichkeit geführt werden muß. Die Transparenz dieser Auseinandersetzungen, die Breite der Debatte über alle Themen, Konflikte und Aspekte, auch solcher Ideen, die ganz gewiß, unter Umständen aber nur: *vielleicht* keine Chance zur Verwirklichung haben, darf möglichst nicht verkürzt werden. Der Journalismus hat, recht verstanden, ein großes institutionelles Interesse an der Vielseitigkeit des Diskurses. Ich fürchte, hier kommen wir mit den Demoskopen an einen ernsten Rollenstreit.

Meine Vermutung ist es, daß die Politiker in ihrem vorauseilenden Gehorsam angesichts der Befragungsergebnisse, ihrer Angst um ihre Macht und vor diesen Ergebnissen, keinerlei - wie soll ich es sagen ? - geistige und konzeptionelle *Angebotspolitik* mehr betreiben, sondern nur noch defensiv, *nachfrageorientiert* hinterherhinken. Damit müssen aber die kreativen Potentiale des politischen Diskurses, der natürlich eines gewisses Fermentes des riskanten trial-and-errors bedarf, verkümmern. Ich kann mir also sehr gut vorstellen, daß die Demoskopie als Lieferant von Herrschaftswissen zu dieser Vorzensur (und wahltaktischen Instrumentalisierung) des Restes von politischem Diskurs unfreiwillig Beihilfe leistet. Die Demoskopen mögen sich trösten, sogar sozusagen basisdemokratisch damit trösten, daß sie doch nur, zuverlässiger vielleicht als Volksvertreter, übermitteln, was der Bürger denkt.

Ich möchte hier jedoch entschieden auf den Unterschied zwischen einer statischen und einer dynamischen Betrachtung aufmerksam machen und würde gerne einmal darüber diskutieren, inwiefern der demoskopische Trost nicht eine Illusion ist, weil in diesem Verfahren der Denk-und Diskussionsprozess des Volkes herrschaftswissentlich kastriert wird.

Ein letztes: Natürlich sind auch Zeitungen zugleich Wirtschaftsunternehmen, marktorientiert - ja, zunehmend marketing-orientiert. Ich möchte gewiß nicht in einem Blatt arbeiten, das bewußt und leichtfertig am Markt vorbeiproduziert; das wäre zwangsläufig ein vergleichsweise kurzes Vergnügen.

Der Punkt aber, an dem in mir heftige Zweifel aufsteigen: Kann es sinnvoll sein, daß Redaktionen unter die Vorzensur des Marketings mit seinen Leserbefragungsergebnissen gestellt werden? Das soll ja immer häufiger vorkommen.

Um es einmal individuell anektdotisch zu beantworten: Eine Zeitung, in der nur steht, was ich selber schon immer dachte, die würde jedenfalls ich nicht kaufen. Zeitungen, vor allem aber Redakteure sollten sich nicht wichtiger nehmen, als sie sind. Aber sie brauchen, wenn die Sache des Journalismus überhaupt noch einen Sinn haben soll, den Vorsprung und das Risiko des normativen Denkens und Schreibens, den Abstand zu dem, was immer schon ist - und zu dem, was die Leser angeblich immer schon wollten.

Nochmals eine anektdotische Evidenz, aus einer Rundfunkanstalt: Ich weiß von einem Programm, das nach sorgfältigster Vorarbeit des Marketings und der Demoskopen völlig umgestaltet, modernisiert wurde. Eine alter Fuhrmann von Journalist sagte seinen Managern: Wenn Ihr das macht, bleibt uns die Hälfte der Hörer weg. Recht behielt der Journalist.

Verstehen Sie also bitte: So gerne ich mit Demoskopen zusammengearbeitet habe, wenn die Rollen geklärt waren - sofern es um die Unterscheidung des politischen Diskurses durch öffentlichkeitsscheues Herrschaftswissen und sofern es um die Konditionierung des journalistischen Diskurses durch das demoskopiegestützte Marketingwissen geht, werde ich mißtrauisch - auch gegenüber so liebenswürdigen Gastgebern, wie Sie es heute sind.

Rüdiger Pohl

Wissenschaftliche Beratung der Wirtschaftspolitik Was kann sie (nicht) erreichen?

Kein Mangel an Beratung

Deutschland leistet sich für die Wirtschaftspolitik eine breite, fundierte, weitgehend auch aus Steuermitteln finanzierte wissenschaftliche Beratung. Die Nachfrage nach wirtschaftspolitischer Beratung ist enorm groß. „Die Wirtschaftspolitik" im weitesten Sinne – also Ministerien in Bund und Ländern, Parlamentsausschüsse, Parteien, Kommunalverwaltungen, staatliche Institutionen, Gewerkschaften, Arbeitgeberverbände, auch die europäische Kommission - bestellen Beratung in Form von Gutachten, Expertisen, Expertengesprächen, Anhörungen. Das Angebot kann sich sehen lassen. Da sind die sechs, häufig als „führend" bezeichneten Institute für Wirtschaftsforschung, die sich vornehmlich mit ihren eigenen Publikationen und Gutachten, aber zweimal im Jahr auch mit Gemeinschaftsgutachten zu Wort melden. Ihre Etats werden vom Bund und den jeweiligen Sitzländern finanziert, wobei die Institute in unterschiedlichem Ausmaß auch Drittmittel über Aufträge einwerben. Prominent ist der Sachverständigenrat zur Begutachtung der gesamtwirtschaftlichen Entwicklung (die „fünf Weisen"), der vom Bund finanziert wird und in jedem Herbst ein umfassendes Gutachten zur wirtschaftlichen Lage und Entwicklung mitsamt wirtschaftspolitischen Schlußfolgerungen veröffentlicht. Die Ministerien haben wissenschaftliche Beiräte, die ungefragt zu selbst gestellten Themen Stellung nehmen. Immer wieder werden auch wissenschaftliche Kommissionen zur Begutachtung spezieller Fragestellungen gebildet. Die Begutachtungen dieser Institutionen werden in der Regel einer breiten Öffentlichkeit über die Medien zugänglich gemacht.

Die in Kommissionen, Beiräten und Instituten institutionalisierte Beratung ist aber nur ein Teil des Ganzen. Unzählig sind die Kontakte der Parlamentarier und Ministerialbürokraten mit Wirtschaftswissenschaftlern (was der Öffentlichkeit häufig verborgen bleibt, nicht weil es geheim gehalten wird, sondern weil es um Spezialfragen statt um „große" Themen geht). Wer sich als Wirtschaftswissenschaftler nicht gerade im Elfenbeinturm verschanzt, um möglichst fern von Realität und Praxis filigrane Forschung zu betreiben, kann sicher sein, in die wirtschaftspolitische Debatte hineingezogen zu werden. Stapelweise gehen Einladungen zu Konferenzen, Gesprächskreisen und Vorträgen mit aktuellem wirtschaftspolitischen Bezug ein. Kurz: die Wirtschaftswissenschaft ist dabei, wenn es in Deutschland um die Formulierung, Kritik, Umorientierung und Reform der praktischen Wirtschaftspolitik geht.

Doch was nutzt es? Die Arbeitslosigkeit ist in Deutschland in den letzten drei Jahrzehnten immer größer geworden; immer häufiger treffen junge Menschen nach langer, allzu langer Ausbildung am Arbeitsmarkt auf verschlossene Türen. Das Steuersystem ist kompliziert genug, unübersichtlich und ineffizient wie selten zuvor. Der Mißmut über den Standort Deutschland hat sich verfestigt. Auf wichtigen Zukunftsfeldern - Beispiel Biotechnologie - ist Deutschland bisher zweitklassig. Das soziale Sicherungssystem in seiner bisherigen Form wirkt brüchig. Wie man es dreht und wendet: die Bilanz der letzten 25 Jahre Wirtschaftspolitik in Deutschland weist erhebliche Schwachstellen auf. Hat die Politikberatung versagt, weil sie, selber ratlos, untaugliche Konzepte an den Wirtschaftspolitiker zu bringen versuchte? Oder blieb die Wirtschaftspolitik ignorant, indem sie sich zwar zahllose Expertisen beschaffte, um dann doch nur zu machen, was sie ohnehin tun wollte? Oder haben einfach nur „die Umstände" - eleganter ausgedrückt: widrige Rahmenbedingungen - trotz gut beratener und geführter Politik eine bessere Performance der Wirtschaft verhindert? So reizvoll es wäre, mit Blick auf diese Fragen eine Bilanz der Wirtschaftspolitik der letzten 25 Jahre zu ziehen, kann sie hier gleichwohl nicht geleistet werden. In diesem knappen Beitrag sollen nur einige Schlaglichter auf den Bereich der Politikberatung geworfen werden. Handlungsdefizite der Wirtschaftspolitik sind das Thema und Konzeptionsprobleme der Wirtschaftspolitik und der wirtschaftlichen Berater. Es handelt sich dabei um eine sehr subjektive Auswahl, keine wissenschaftlich akribische Exegese der Politikberatung; wenn die Ausführungen an mancher Stelle wie der Stoßseufzer eines in der Politikberatung engagierten Ökonomen wirken sollten, dann ist das voll beabsichtigt.

Was zu tun ist:
Ideen im Überfluß - Defizite in der Umsetzung?

Daß im Wirtschafts- und Sozialsystem Deutschlands nicht alles zum Besten steht, daß sich Reformbedarf aufgestaut hat, daß die Vitalität der Wirtschaft in Deutschland (nicht unbedingt der deutschen Wirtschaft, die sich ja auch außerhalb Deutschlands mit Produktion und Absatz tummelt) zu wünschen übrig läßt, wird in immer neuen Diskussionsrunden landauf, landab beschworen. Daß es so weit kommen konnte, läßt sich leicht den Beratern der Wirtschaftspolitik anlasten. Ihnen mangelt es vielleicht an Ideen. Den Experten fällt eben nichts rechtes ein, was sich beispielsweise zur nachhaltigen Bekämpfung der Arbeitslosigkeit bewähren könnte. Wo die Experten versagen, kann eben die praktische Wirtschaftspolitik auch nicht erfolgreich sein. Die wissenschaftlichen Politikberater werden den schwarzen Peter nicht annehmen. Ihnen stellt sich das Problem ganz anders dar: nicht an guten Ideen mangelt es, sondern an deren Umsetzung in die Praxis. Also Politikversagen statt Beratungsversagen!

Und in der Tat: Die wirtschaftswissenschaftlichen Gutachten sind voll von Analysen und daraus abgeleiteten Vorschlägen, die allesamt auf eine Vitalisierung des Wirtschaftsstandorts Deutschland zielen. Man betrachte nur einmal einige Jahrgänge der Jahresgutachten des Sachverständigenrates zur Begutachtung der gesamtwirtschaftlichen Entwicklung. Weil der Sachverständigenrat kaum einen Bereich des deutschen Wirtschafts- und Sozialsystems ausspart, stellen die Jahresgutachten eine nahezu enzyklopädische Auflistung der Reformansätze und Reformmöglichkeiten dar. Wem die Darstellungen des Sachverständigenrates zu kursorisch erscheinen, der findet leicht anderswo vertiefte und detaillierte Ausarbeitungen. Nur einige der Eckpunkte einer Politik zur Vitalisierung der deutschen Wirtschaft mögen die Komplexität der Reformvorschläge beleuchten.

In der Steuerpolitik wird seit langem eine Reduktion der Steuerbelastung, eine grundlegende Unternehmensteuerreform, eine Neukonzeption der Gemeindesteuern vorgeschlagen; in der Finanzpolitik sollte der Schwerpunkt auf Subventionsabbau und Ausgabenreduktion mit dem Ziel der Reduzierung der Staatsdefizite gelegt werden. In der Tarifpolitik geht es um betriebsnahe Tarifgestaltung, mehr Flexibilität in den Arbeitsbeziehungen, um stärker differenzierte Lohnsätze mit Steigerungsraten im Durchschnitt höchstens in Höhe des Produktivitätswachstums. In der Sozialpolitik ist die Stärkung der Eigenvorsorge anzuraten; das betrifft vor allem die Rentenversicherung; mehr

Wettbewerbselemente und Selbstbeteiligung könnten die Krankenversicherung stabilisieren. Allgemein sollten weniger Regulierungen einengen, bei Genehmigungsverfahren ebenso wie bei der Gestaltung der Arbeitsbeziehungen; staatliche Leistungen sollten möglichst privatisiert werden. Auch Europa müßte sich bewegen (Reform der teuren Agrarpolitik, konsequente Handelsliberalisierung, Verzicht auf Industriepolitik). Diese nicht einmal vollständige Auflistung umreißt ein umfassendes wirtschaftspolitisches Programm.

An Ideen mangelt es also nicht, offenkundig aber an deren Umsetzung in die wirtschaftspolitische Praxis. Für diese These können sich die Politikberater inzwischen auf einen prominenten Zeugen berufen: den Bundespräsidenten. Roman Herzog hat in seiner berühmten Rede im Hotel Adlon den Takt vorgegeben[1]. Seine Zustandsbeschreibung des Systems Deutschland ist düster. Das sind die Schlüsselbegriffe seiner Rede: „Ein Gefühl der Lähmung liegt über unserer Gesellschaft ... Verlust der wirtschaftlichen Dynamik ... Erstarrung unserer Gesellschaft ... Pessimismus das allgemeine Lebensgefühl .... Modernisierungsstau ... Selbstblockade der politischen Institutionen ... Verlust an Gemeinsinn."

Kritiker wenden ein, der Bundespräsident habe über das Ziel hinaus geschossen. Die Lähmung der Wirtschaftspolitik sei ein Zerrbild, das Problem seien eher Defizite in der Wahrnehmung von politischen Aktivitäten. Und in der Tat unterliegt Deutschland einem massiven Wandel, angefangen von der Wiedervereinigung 1990, die das Land einem ungeahnten Anpassungsdruck aussetzte, bis hin zum EURO 1999, der ja nichts weniger als den Verzicht auf die bewährte und vertraute Währung verlangt. Vieles hat die Politik in Gang gesetzt von dem, was auch die wirtschaftspolitische Beratung empfiehlt. Einige Stichworte mögen das umschreiben[2]: Wegfall der Vermögensteuer, Abschaffung der Gewerbekapitalsteuer, Finanzmarktförderungsgesetz, Altersteilzeit statt Frühverrentung, Begrenzung der Entgeltfortzahlung im Krankheitsfalle, Kündigungsrecht (Anhebung des Schwellenwertes für das Kündigungsschutzgesetz, Erweiterung der befristeten Arbeitsverträge, Entsendegesetz, Beseitigung des Monopols beim Zugang zu Telekommunikationsmärkten, Aufhebung des Beförderungsmonopols der Deutschen Post AG, Öffnung

---

1 „Aufbruch ins 21. Jahrhundert", Ansprache von Bundespräsident Roman Herzog im Hotel Adlon am 26. April 1997.

2 Dem Leser sei der Bericht der Bundesregierung zur „Umsetzung des Aktionsprogrammes für Investitionen und Arbeitsplätze sowie des Programms für mehr Wachstum und Beschäftigung" empfohlen, der unter dem Titel „Reformen für Investitionen und Arbeitsplätze" als Dokumentation Nr. 429 des Bundesministeriums für Wirtschaft im September 1997 erschienen ist.

der Märkte für Strom und Gas, Bahn: Privatisierung und Wettbewerb, Förderpolitik für Ostdeutschland. Im Bereich der Tarifpolitik ist der Weg zu betriebsnäheren Regelungen eingeschlagen.

Es tut sich also etwas, warum dann also Kritik? Einmal, weil vieles spät kommt. Wenn die Bundesregierung 1996 ein 50-Punkte-Aktionsprogramm für Investitionen und Arbeitsplätze verabschiedete, fragt man sich, warum die meisten der darin enthaltenen überaus sinnvollen wirtschaftspolitischen Maßnahmen nicht schon in den Jahren zuvor realisiert worden sind. Und wichtiges bleibt zu lange blockiert: eine umfassende Steuerreform, die Reform der sozialen Sicherung, die Modernisierung des Bildungssystems samt seiner Inhalte etwa. Und das, was geschieht, geschieht mühsam, langsam (Jahrzehnte braucht das Land für eine Miniatur wie die Ausweitung der Ladenöffnungszeiten). Kaum etwas Wirtschaftspolitisches wird in unserem Lande von einem breiten Konsens getragen, der für Handlungswillen, Reformbereitschaft, Experimentierlust steht. So sieht sich die wirtschaftspolitische Beratung genötigt, ihre unerledigten Empfehlungen von gestern immer wieder neu aufzutischen. Damit handelt sie sich manchmal den Vorwurf der „Einfallslosigkeit" ein, obwohl es doch nichts anderes als die Reaktion auf einen zu harzigen Umsetzungsprozeß ihrer Vorschläge ist.

Es geht hier dennoch nicht darum, den schwarzen Peter einfach an die Politik zurück zu reichen: „Handelt schneller, beherzter, konsequenter!". Die tiefergehende Frage lautet anders: Was sind eigentlich die Hemmnisse, die der Umsetzung der wirtschaftspolitischen Empfehlungen und damit einer – wie man hoffen möchte – „guten" Wirtschaftspolitik im Wege stehen? Diese Frage stellen sich die wirtschaftspolitischen Berater zumeist nicht. Doch sie sollten es tun. Gute Politikberatung wird bessere Politikberatung, wenn sie ungeachtet der unverzichtbaren fachlichen Fundierung ihrer Empfehlungen auch die Anwendungsbedingungen und Umsetzungshemmnisse ihrer Empfehlungen mit bedenkt.

Es gibt viele Ursachen für Hemmnisse bei der Umsetzung wirtschaftspolitischer Beratung. Der leichtere (für Politikberater dennoch schmerzliche) Fall besteht darin, daß die wirtschaftspolitischen Empfehlungen mit anderen politischen Zielen kollidieren. Ein Musterbeispiel hierfür lieferte die deutsche Wiedervereinigung. Aus rein wirtschaftspolitischer Sicht war es ein Fehler, die desolate Wirtschaft der damaligen DDR mittels einer Währungsunion mit Westdeutschland zu verbinden. Angesichts ihrer schwachen Wettbewerbsposition wäre für die ostdeutsche Wirtschaft eine Abwertung statt die mit der Währungsunion vollzogene Aufwertung angemessen gewesen. Dies ist auch von der wirtschaftspolitischen Beratung, hier vor allem vom Sachverständigenrat, hinreichend deutlich gemacht worden[3]; aber der gute Rat blieb ohne positive Resonanz. Die Währungsunion kam, und die für diesen Fall prognostizierten Anpassungslasten der ostdeutschen Wirtschaft setzten mit voller Wucht ein. Dennoch wird der wirtschaftspolitische Berater dies nicht mit einem schlichten „Recht gehabt!" kommentieren. Denn die deutsche Währungsunion ist – wenn nicht aus wirtschaftlicher – so doch aus historisch-politischer Sicht eindeutig positiv zu beurteilen. Es war die einmalige Chance für Deutschland, die Teilung zu überwinden. Und wer weiß: ohne die Währungsunion hätte es vielleicht einen Massenexodus von DDR-Bewohnern nach Westdeutschland gegeben, der politisch möglicherweise auch schwer verkraftbar gewesen wäre. Der vernünftige Berater der Wirtschaftspolitik wird eingestehen, daß sein rein wirtschaftliches Raisonnement im Einzelfall auch historisch-politischen Überlegungen untergeordnet werden darf.

Wichtiger, weil häufiger als solche Zielkollisionen, die dann zu Lasten des Wirtschaftspolitischen ausgehen, sind freilich Vollzugsdefizite der Politik, die im Kern aus einer Blockadehaltung der Bevölkerung resultieren. Einfacher wäre es sicherlich, unterlassene Wirtschaftspolitik den Politikern anzulasten; Politikerschelte ist populär, doch greift sie zu kurz. Wenn es auch unfähige Wirtschaftspolitiker gibt (von unfähigen Beratern wollen wir nicht reden), gilt es doch einzugestehen: Der Wirtschaftspolitiker ist arm dran, wenn seine Entscheidungen von einer Mehrheit der Wähler nicht wenigstens geduldet werden. Doch an der Duldung mangelt es leider oft. Wirtschaftspolitische Eingriffe implizieren – hierin den Arzneimitteln vergleichbar – nicht nur eine erwünschte Hauptwirkung, sondern in der Regel auch unerwünschte Risiken und Nebenwirkungen. Eine wirksame Bekämpfung der Arbeitslosigkeit beispielsweise wird nur möglich sein, wenn unangenehme Nebenwirkungen in Kauf genommen werden: insgesamt niedrigere Löhne, eine stärkeres Lohngefälle, eine größere Instabilität des individuellen Arbeitsverhältnisses, weniger soziale Schutzrechte (wie Kündigungsschutz), für den einzelnen erhöhten Mobilitätsdruck. Angesichts solcher Nebenwirkungen erscheint es den Nicht-Arbeitslosen attraktiver, lieber Arbeitslose zu subventionieren, als selbst die unangenehmen Nebenwirkungen einer erfolgreichen Beschäftigungspolitik in Kauf nehmen zu müssen. Im Meinungsbildungsprozeß setzen sich die Nicht-Arbeitslosen durch, haben sie doch gegenüber den Arbeitslo-

---

3 Vgl. Brief des Sachverständigenrats vom 9. Februar 1990 an den Bundeskanzler „Zur Frage einer Währungsunion zwischen der Bundesrepublik Deutschland und der DDR", wiederabgedruckt in: Jahresgutachten 1990/91 des Sachverständigenrats, S. 306 ff.

sen eindeutig (und, so mag man ja hinzufügen, glücklicherweise) die Mehrheit. Und schon ist eine Politik für mehr Beschäftigung praktisch blockiert. Verstärkt wird die Blockadehaltung noch, wenn sich breite Bevölkerungsschichten von den anstehenden Problemen des Wirtschafts- und Sozialsystems gar nicht persönlich betroffen fühlen. Viele sind arbeitslos, doch noch mehr sind es nicht und sehen sich daher nicht betroffen. Viele sorgen sich um ihre soziale Absicherung, aber nicht wenige fühlen sich dank ihres Vermögens nicht betroffen. Wer sich nicht betroffen fühlt (ob zu Recht oder zu Unrecht), wacht um so schärfer darüber, daß Reformschritte nicht an seinen Besitzstand gehen. Angesichts solcher Blockadehaltung braucht man sich kaum mehr zu wundern, daß noch so gut durchdachte Konzeptionen der wissenschaftlichen Politikberatung keine Mehrheit finden.

Es wäre eigentlich die Aufgabe der Politik, diese Blockadehaltung zu durchbrechen. Was ist denn sonst die Aufgabe von Politik? Politiker, die nur den vorgefundenen, vermeintlichen Mehrheitswillen umzusetzen in der Lage sind, verdienen unsere Stimmen nicht; Politiker sollen Mehrheitswillen beeinflussen! Dazu bedürfte es einer Bündelung politischer Entscheidungsmacht und Entscheidungsfähigkeit. Doch gerade dies ist in Deutschland nicht gegeben. Die politischen Entscheidungsprozesse in Deutschland sind hochgradig diversifiziert, zerstückelt, dezentralisiert. Schon von der Verfassung her, aber zusätzlich auch durch die politische Praxis sind unsere Entscheidungsprozesse nicht durch „schlanke" Verfahren gekennzeichnet, sondern auf eine möglichst umfassende Beteiligung aller gerichtet. Handlungspotentiale sind auszuloten innerhalb der und zwischen den Regierungsparteien, Regierung und Opposition, Bundestag und Bundesrat, gewählter Politik und den Verbänden, Bürgerinitiativen und sonst irgendwie Betroffenen. Die weit getriebene Zerstückelung von Entscheidungsmacht in Deutschland beklatschen manche als Absicherung des Demokratieprinzips. Demokratie bedeutet aber nicht notwendig, alle an allen Entscheidungen zu beteiligen; eine gute Demokratie ist es auch, wenn wenigen Entscheidungsmacht übertragen wird, dies aber in einem gesetzlichen Rahmen und immer nur für eine begrenzte, durch Wahlperioden begrenzte Zeit. Wie dem auch sei, jedenfalls hat die Zerstückelung der Entscheidungsmacht eine höchst nachteilige Nebenwirkung: In diesem Umfeld läßt sich das Einzelinteresse gegenüber den Allgemeininteresse leicht vertreten: Der Bau einer Autobahn, auf der viele vorankommen könnten, kann durch ganz wenige, an deren Grundstück sie beeinträchtigend vorbei führt, auf Jahre verzögert werden. Die Verteidigung von Besitzständen wird leicht gemacht. Populistisches Verhalten der Politik wird gefördert; denn die Politik reagiert auf die Lautstarken, die gegen eine Entscheidung protestieren, auch dann hochgradig empfindlich, wenn die Lautstarken gegenüber den Schweigenden nur eine kleine Minderheit darstellen. Nicht Mehrheitseinsicht, sondern Lautstärke entscheidet hierzulande über die politische Resonanz. So kommt es dann, daß in der öffentlichen Diskussion wirtschaftspolitische Beschwörungsformeln gebetsmühlenartig wiederholt werden („Die Bekämpfung der Arbeitslosigkeit ist die Aufgabe Nummer eins!"), daß dazu notwendige Reformmaßnahmen aber wegen des irgendwo allfälligen Protestes verweigert werden. Der wirtschaftspolitische Berater erlebt es immer wieder, daß der um Rat nachsuchende Politiker die empfohlene Maßnahme zurückweist, nicht weil sie nicht wirksam wäre, sondern weil sie dem Wählerklientel nicht zugemutet werden darf. Vernünftige Wirtschaftspolitik entsteht so nicht.

Der Politikberater reagiert in solchen Situationen meistens etwas hilflos. Es genügt aber nicht, wenn er Jahr für Jahr immer nur die gleichen wirtschaftspolitischen Empfehlungen wiederholt und sich dabei noch im Recht fühlt, weil doch so wenig von den Empfehlungen bisher umgesetzt wurde. Die wissenschaftliche Politikberatung muß die Rahmenbedingungen des politischen Systems, insbesondere die Eigenheiten der Entscheidungsprozesse zwar hinnehmen. Dennoch muß sie sich verstärkt mit darum bemühen, die Umsetzungsrate wirtschaftspolitischer Empfehlungen zu erhöhen. Wie das gelingen könnte, wäre eine eigene Diskussion unter den wirtschaftspolitischen Beratern wert. Stärker als bisher muß die Politikberatung herausarbeiten, daß das Gefühl der Nicht-Betroffenheit in der Regel auf einer Fehleinschätzung beruht. Selbst wer sich durch sein Vermögen gesichert fühlt, muß wissen, daß der Wert des Vermögens erodieren kann, wenn sich die wirtschaftliche Lage im ganzen verschlechtert. Es müßte stärker hervorgehoben werden, daß die Bewahrung des Allgemeinwohls die Grundlage ist, damit sich auch Einzelinteressen realisieren lassen. Der wirtschaftspolitische Prozeß mag trotz allem handlungsgehemmt bleiben. Aber dann muß der Politikberater auch in einer deutlichen Sprache, zu der Politiker mit Blick auf Wählerstimmen selten den Mut haben, auf die Konsequenzen verweisen: wenn wirtschaftspolitische Maßnahmen verweigert werden, müssen wir mit den beklagten Fehlentwicklungen (beispielsweise mit hoher Arbeitslosigkeit) leben. Die beliebte Beschwörung wirtschaftspolitischer Ziele (wie Vollbeschäftigung) in jedem Parteiprogramm, bei jedem Kongreß, in jeder einschlägigen Talkshow gilt es dann als bloß scheinheilige Rhetorik zu entlarven. Es ist die gleiche Scheinheiligkeit wie die des Kranken, der gesund werden möchte, aber auf das Rauchen, Trinken und fette Essen nicht verzichten mag.

Aber eines muß immer klar bleiben: der wirtschaftspolitische Berater ist nicht der wirtschaftspolitische Entscheidungsträger. Wissenschaftliche Politikberatung kann noch so gut sein - ohne entschlossene Politiker, die gute Ideen energisch umsetzen können, bewirkt sie nichts.

Konzeption und Kommunikation: Wie überzeugt man die Handelnden?

Die wirtschaftspolitischen Berater dürfen bei allen Klagen über eine allzu zögerliche Umsetzung ihrer Empfehlungen eine mögliche Erklärung nicht verdrängen: vielleicht sind einfach die von den Beratern vorgeschlagenen Aktivitäten nicht überzeugend. Auch wenn sich der Politikberater bei seinen Empfehlungen noch so vehement auf die herrschende Meinung in der Ökonomie beruft, muß die nicht richtig sein. Was weiß der Fachberater wirklich? Und ist nicht Skepsis der Adressaten der Politikberatung gegenüber wohlfeilen Empfehlungen angebracht? Daß solche Fragen den Politikberatern unangenehm sind, verbietet ja nicht, darüber trotzdem nachzudenken.

Ein Manko der Politikberatung ist dieses: Gegensätzliche Positionen können auf dem Feld der Wirtschaftspolitik häufig plausibel vertreten werden. Wirtschaftspolitische Wirkungsabläufe schließen immer auch Reaktionen von Menschen auf politisches Handeln ein; und wie Menschen reagieren, läßt sich nicht immer verläßlich vorhersagen. Unterschiedliche Hypothesen über Reaktionen führen dann zu unterschiedlichen Empfehlungen. Was soll aber der Wirtschaftspolitiker mit Empfehlungen anfangen, die in mehr oder weniger hohem Maße von derartiger Unsicherheit geprägt sind? Die natürliche Reaktion wird sein: vorsichtig agieren. Und dagegen ist nichts einzuwenden. Mehr Handlungsbereitschaft der Politik schaffte die Politikberatung dadurch, daß sie das Maß der Unsicherheit so weit wie möglich eingrenzte. Aber vollends beseitigen wird sie es nicht können.

Die Zunft der Ökonomen ändert gelegentlich auch einmal ihre Grundpositionen, fein mit dem Begriff Paradigmawechsel umschrieben. Dann gilt plötzlich heute nicht mehr, was gestern noch als richtig beschrieben wurde. Ein Beispiel hierfür liefert die Konzeption einer auf das „magische Viereck" (Vollbeschäftigung, Preisniveaustabilität, Wachstum, außenwirtschaftliches Gleichgewicht) gerichteten Wirtschaftspolitik. Das Paradigma der späten sechziger und meisten siebziger Jahre hieß: Globalsteuerung plus fine tuning, und es wurde von Karl Schiller sogar in der breiten Öffentlichkeit populär gemacht. Der Schwerpunkt lag auf „Nachfragesteuerung" durch Makropolitik (Fiskalpolitik, Geldpolitik, Lohnpolitik). Dem Paradigma lag ein ausgeprägter Glaube an die Steuerbarkeit der gesamtwirtschaftlichen Abläufe zugrunde; das wichtigste Problem schien in der effizienten Koordinierung der Politikbereiche (vor allem Geld- und Lohnpolitik) und in der außenwirtschaftlichen Absicherung (flexible Wechselkurse) zu liegen. Das alles war dann in den achtziger Jahren plötzlich obsolet: „Angebotssteuerung" hieß nun die Parole. Der Glaube an die Steuerbarkeit der gesamtwirtschaftlichen Abläufe war dahin; in der allumfassenden Entfesselung der Angebotskräfte wurde nun der Schlüssel zum gesamtwirtschaftlichen Erfolg gesehen. So vehement wie die Ökonomen ursprünglich deficit spending für ein taugliches Mittel zur Beschäftigungssicherung hielten, erklärten sie nun das Gegenteil - Konsolidierung, Defizitabbau – zu einer der entscheidenden Grundlagen für mehr Beschäftigung. Daß im Zeitalter der Angebotssteuerung die wirtschaftliche Dynamik in Deutschland schwächer und die Arbeitslosigkeit höher als zuvor war als unter dem Regime der Globalsteuerung, hat im politischen Raum Zweifel an der Validität wirtschaftspolitischer Beratung nicht gerade verringert. Da hilft es dann wenig, wenn die Angebotstheoretiker unter den Politikberatern darauf beharren, die Konzeption sei schon gut, nur in der Praxis nicht sachgerecht umgesetzt worden[4]. Kritiker werden fragen, ob das heute herrschende Paradigma nicht morgen auch wieder für obsolet erklärt wird. Die Ökonomen müssen es sich auch fragen.

Zu Irritation bei den Politikern muß es führen, wenn sich die wirtschaftspolitischen Berater untereinander streiten. In den Gutachten des Sachverständigenrates finden sich immer wieder Minderheitsvoten. Gutachten der Institute sprechen auch nicht immer eine Sprache. Und Talkshows leben gerade davon, Gegner der verbreiteten Meinung zu Worte kommen zu lassen. Wer es böse mit den Beratern meint, könnte unterstellen, die wirtschaftspolitischen Berater hätten genügend Gefälligkeitspositionen bereit, aus denen sich der Auftraggeber der Berater immer das herauspicken kann, was er sich vorher ohnehin vorgestellt hat. Wer es nicht so böse meint, steht dennoch vor einem Dilemma; denn wer hat recht, wenn sich die Experten so unversöhnlich streiten.

Die wirtschaftspolitische Beratung muß mit diesem Problem leben, aber sie sollte es nicht auch noch verschlimmern. Noch schlimmer als der offene

---

[4] So in etwa argumentiert der Sachverständigenrat in seinem Gutachten 1997/98, Ziffern 236 ff.

Streit unter den Beratern der Wirtschaftspolitik ist ihre gelegentliche Neigung, die Ursachen des Streits nach außen zu verschleiern. Und geradezu subtil ist der Streit, der nur vermeintlich wissenschaftlich begründet ist, in Wahrheit aber unausgesprochene, aber eben unterschiedliche Wertungen enthält. Die wirtschaftspolitische Beratung wird nie vermeiden können, daß sich Sichtweisen über wirtschaftliche Zusammenhänge unterscheiden oder daß sie sich ändern, auch Expertenstreit wird unvermeidlich sein. Doch gerade weil es so ist, muß die wirtschaftspolitische Beratung mehr tun, um die Adressaten von der Validität der Beratung zu überzeugen. Manches ist möglich.

Die Berater sollten die Ursachen ihres Meinungswandels und ihres Meinungsstreits gerade nicht verschleiern, sondern ausdrücklich herausstellen. Dabei wird sich in vielen Fällen zeigen, daß Meinungsstreit gar nicht auf wissenschaftlich begründetem Dissens beruht, sondern schlicht auf unterschiedlichen Annahmen oder eben auch Wertungen. Vieles von dem was die ökonomischen Berater sagen, beruht auf Annahmen und Einschätzungen, die, wie bereits erwähnt, in wissenschaftlicher Sicht keineswegs zwingend sind. Nicht für den Verzicht auf solche Annahmen und Einschätzungen wird hier plädiert (der Verzicht ist nicht machbar), wohl aber dafür, den Adressaten die impliziten Annahmen deutlich offenzulegen. Die Ökonomen sollten sich gerade nicht scheuen, viel mehr als bisher die Konditioniertheit ihrer Aussagen zu betonen. Wenn jemand beispielsweise eine größere Lohnspreizung als Mittel gegen die Arbeitslosigkeit empfiehlt, sollte er nicht so tun, als sei der Zusammenhang zwischen beidem unumstößlich und eindeutig. Vielmehr sollte er ohne Scheu deutlich machen, unter welchen Annahmen der erhoffte Beschäftigungseffekt auftritt (und das heißt dann eben, unter anderen denkbaren Annahmen funktioniert es nicht), welche Unwägbarkeiten bestehen und welche Nebenwirkungen zu erwarten sind. Mit dem Verweis auf die Konditioniertheit seiner Empfehlungen verliert der wirtschaftspolitische Berater nichts von seiner Reputation; er gewinnt eher noch dazu, weil er eben nicht mit der Attitüde des Allwissenden das Mißtrauen der Adressaten seiner Empfehlungen weckt.

Sich eine Wertungskomponente einzugestehen, fällt wirtschaftspolitischen Beratern naturgemäß schwer, müssen sie doch befürchten, sich selbst mit dem Verweis auf solche Wertungen als „unwissenschaftlich" zu disqualifizieren. Und doch ist es ja so, wie an unzähligen Beispielen wertender Aussagen belegt werden könnte. Aus der Fülle der Wertungen sei an den Streit um den EURO erinnert, der die Ökonomen in Befürworter und Gegner gespalten hat. Einigkeit herrscht bei allen über das Erfordernis der Stabilität der künftigen Währung. Niemand widerspricht auch, daß die im Maastricht-Vertrag vereinbarten institutionellen Arrangements zur Europäischen Zentralbank (Verpflichtung auf Geldwertstabilität, Verbot der Staatsfinanzierung durch die Europäische Zentralbank, Unabhängigkeit von staatlichen Weisungen) wesentliche Vorkehrungen für die Stabilität des EURO sind. Warum dann Streit? Weil es unterschiedliche Wertungen gibt: Die EURO-Gegner unterstellen schlicht, daß sich die künftige Europäische Zentralbank an die ihr vorgegebenen Regeln nicht halten wird, statt dessen der Versuchung nicht widerstehen wird, mittels etwas mehr an Inflation vielleicht Entlastungen für den Arbeitsmarkt zu schaffen. Die Europäische Zentralbank wird so schon abqualifiziert, bevor sie überhaupt gegründet ist; wissenschaftliche Beweise für diese Sicht gibt es nicht, nur negative Werturteile. Wohlgemerkt: ausschließen kann man solches Verhalten der künftigen Zentralbank freilich nicht. Deswegen beruht auch die optimistische Gegenposition der EURO-Freunde auf Unterstellungen: Unterstellt man nämlich, daß die europäischen Länder die Lektion der letzten Jahrzehnte gelernt haben, daß Inflation für den Arbeitsmarkt nichts bringt, wird man keinen Anreiz für die EZU unterstellen können, ihre Vorgaben zu verletzen. Wie es wirklich kommen wird, weiß niemand verläßlich vorherzusagen. Das muß nicht entmutigen. Wenn wir nicht wissen, was herauskommen wird, muß der Berater die Politiker immer wieder beharrlich drängen, sich im konkreten politischen Ablauf so zu verhalten, daß etwas Gutes herauskommt.

Auch unter wirtschaftspolitischen Beratern kann es schwarze Schafe geben. Der unverzeihliche Fall liegt vor, wenn Ökonomen bestimmte Positionen aus Gefälligkeit oder Opportunität vertreten. Man kann solches niemals ausschließen, doch dies muß man generell sagen: die wirtschaftspolitischen Berater in Deutschland legen größten Wert auf ihre Unabhängigkeit. Man mag es vielleicht nicht glauben, daß Institutionen und Beiräte, die ihre Honorare vom Staat bekommen, dennoch als unbefangene Kritiker staatlicher Fehlentscheidungen auftreten. Und doch ist es so. Hier macht sich die Vielfalt der Beratungsgremien nützlich, die man unter fiskalischen Aspekten vielleicht als Luxus betrachten könnte. Wenn sich eines der Forschungsinstitute zum willfährigen Gesellen seiner Auftraggeber machte, würde es alsbald im Wettbewerb mit den anderen Boden verlieren. Unabhängig zu sein heißt für die wirtschaftspolitische Beratung auch, ohne politische Verantwortung zu sein (denn Verantwortung tragen nur die Handelnden); aber nicht verantwortlich zu sein, heißt auch wieder nicht, verantwortungslos sein zu dürfen. Die minderschwere Variante des schwarzen Schafs stellt der „Nachplapperer" dar: Ein „Berater" ohne spezifische Sachkompetenz auf einem Spezialgebiet äußert sich dennoch dazu, und das bevorzugt im Sinne der herrschenden Meinung, weil er damit am ehesten „richtig liegt". Nachplappern ist nicht verboten; dennoch ist es mehr als schlechter wissenschaftlicher Stil. Vor der Öffentlichkeit erzeugt Nachplappern den falschen Eindruck, eine bestimmte wirtschaftspolitische Position sei allseits akzeptiert und unumstößliche Weisheit der wirtschaftspolitischen Berater. Gerade Ökonomen sollten außerordentlich mißtrauisch werden, wenn bestimmte wirtschaftspolitische Positionen zum Allgemeingut werden. Wenn alle das gleiche sagen, nimmt der Anreiz zum kritischen Nachdenken leider ab.

Der wirtschaftswissenschaftliche Politikberater muß sich und der Öffentlichkeit nicht nur eingestehen, wo er gehärtete Argumente hat und wo Wertungen vorgenommen werden können. Erforderlich ist auch ein hoher Grad an Konkretheit. Es nutzt der wirtschaftspolitischen Diskussion nicht wirklich, wenn ökonomische Fundamentalsätze ohne konkrete Umsetzungskonzepte verbreitet werden. Es ist ja richtig, daß in Ostdeutschland alles für die Wettbewerbsfähigkeit der Unternehmen getan werden muß. Aber mit dieser Feststellung ist nicht viel gewonnen. Die eigentliche Frage ist, wie die Wettbewerbsfähigkeit konkret gefördert werden kann. Es ist auch richtig, daß Behinderungen der interregionalen Faktorallokation (wie mit dem Entsendegesetz) nicht zu empfehlen sind. Aber über den Allgemeinplatz hinaus wäre dann konkret zu sagen, wie einem plötzlichen Anpassungsdruck durch interregionale Faktorwanderungen denn begegnet werden sollte. Wirtschaftspolitische Beratung bleibt nur wirksam, wenn sie nicht die ordnungspolitischen Grundsatzerklärungen erschöpft und die konkrete Umsetzung den anderen überläßt, sondern wenn sie (die ordnungspolitischen Grundlagen im Kopfe haltend) dezidiert handlungsorientiert ist. Förderpolitik darf nicht Subventionsmentalität erzeugen? Sicher - aber welche Fördermaßnahmen sollen dann verschwinden oder wenigstens umgebaut werden und wie sind die Wirkungen unterlassener Förderung?

Die wirtschaftspolitische Beratung sollte also stärker als bisher die Annahmen und Begründungszusammenhänge ihrer Empfehlungen offenlegen. Kontroversen sind nicht schlimm, wenn man ihre Ursachen orten kann. Nur wer Begründungen kennt, kann auch Ergebnisse würdigen.

Kommunikation ist der heutigen Gesellschaft alles, fast alles wenigstens, auch in der Politikberatung. Sie vollzieht sich als Kommunikationsprozeß zwischen Berater, Auftraggeber und Öffentlichkeit. Lassen wir die Beratungsaktivitäten hier unbeachtet, die sich im engsten Fachgespräch zwischen den Spezialisten vollziehen und nicht die Aufmerksamkeit der breiten Öffentlichkeit finden. Beschränken wir uns auf Gutachten, die in der Öffentlichkeit präsentiert werden. Können sich die Politikberater hier verständlich machen?

Es gibt immer wieder Störungen im Kommunikationsprozeß. Ein Ärgernis (aus der Sicht der Berater) ist das beliebte Rosinenpicken. Wirtschaftspolitiker sehen sich durch Gutachten (losgelöst von deren Inhalt) noch immer bestätigt. Dies gelingt im allgemeinen durch eine konsequent partielle Wahrnehmung der Inhalte. Der Finanzminister mag sich auf ein Gutachten berufen, welches energische Maßnahmen zur Konsolidierung der öffentlichen Haushalte einfordert - nur sollte er die Kritik nicht übergehen, die seiner Finanzpolitik die Mitverantwortung für die desolate Haushaltslage einräumt. Gewerkschaften mögen sich von einem Gutachten bestätigt fühlen, welches die hohe Arbeitslosigkeit als schlimmste Fehlentwicklung kennzeichnet - nur sollten sie nicht unterschlagen, wenn überzogene Löhne mit zu den Ursachen der Arbeitslosigkeit gezählt werden. Politikberatung läuft immer Gefahr, im politischen Prozeß instrumentalisiert zu werden. Dies muß nicht immer durch selektives Zitieren geschehen. Wo Wirtschaftspolitiker der Kritik nicht entgehen können, werden sie den Gutachten gerne Schludrigkeit, Einseitigkeit oder gar Unkenntnis unterstellen. Die Politikberatung kann gegen solche Verhaltensweisen wenig machen. Sie darf sich nur nicht entmutigen lassen, und sie muß darauf bauen, daß einer kritischen Öffentlichkeit diese Instrumentalisierung nicht verborgen bleibt.

Aber auch im Verhältnis zur Öffentlichkeit steht nicht alles zum Besten. Die Medien suchen in Gutachten mit Vorliebe nach politisch brisanten, spektakulären Aussagen, lieber noch nach Sensationen - als ließe sich der Gehalt der Gutachten an ihrem Unterhaltungswert festmachen. Dem kann der Gutachter noch entgehen, indem er sich um die sachliche unspektakuläre Auseinandersetzung bemüht. Schwieriger wird es hingegen, wenn der Berater direkten Kontakt mit den Medien erhält. Das ausführliche Interview bleibt die Ausnahme. Dominant ist die Kommunikation in Sprechblasen: ein Zwei-Minuten-Interview im Rundfunk; ein 30-Sekunden-Statement für das Fernsehen, ein Zwanzig-Zeiler für die Tageszeitung. Das Interesse besteht vornehmlich in Ergebnissen, einfach und schlicht dargeboten, nicht mehr an Begründungszusammenhängen. Das ist die Crux: Man wird immer wieder gefragt, was man meint, aber niemals, warum man es meint. Dabei macht den Wert (oder Unwert) einer wissenschaftlichen Expertise für die Politikberatung nicht in erster Linie das Ergebnis aus, sondern vor allem auch der Begründungszusammenhang. Da aber wird es schwierig, und die Öffentlichkeit schaltet ab.

Am schwersten wiegt im Bereich der Kommunikation aber etwas anderes: Uns ist weitgehend die Fähigkeit abhanden gekommen, in wirtschaftspolitischen Konzeptionen zu denken. Im wirtschaftspolitischen Prozeß werden wirtschaftliche Einzelfragen im Wochentakt an-, ab- und wegdiskutiert. Gestern bewegt die Ladenöffnungszeit das Publikum, heute ist es die Lohnfortzahlung im Krankheitsfall, morgen ist es die Finanzausstattung der Universitätsbibliotheken. Ab und zu werden auch „große Themen" (Steuerreform) diskutiert, zumeist geht es jedoch nur um Partikel des Systems Wirtschaft. Jeder kann den Test machen: an einem Sonntagabend auf einem Zettel notieren, was gerade das aktuell diskutierte wirtschaftspolitische Thema ist; den Zettel beiseite legen und nach vier Wochen wieder hervorholen. In der Mehrzahl der Fälle ist das heiß diskutierte Thema von gestern längst wieder aus den Schlagzeilen verschwunden. War da überhaupt was?

Es wäre noch hinzunehmen, wenn sich hierin nur die Schnellebigkeit unserer Zeit spiegelte. Die wahre Ursache liegt woanders. Es gibt keine wirtschaftspolitische Gesamtkonzeption mehr, vor deren Hintergrund einzelne wirtschaftspolitische Aktivitäten konsistent bewertet und aufeinander bezogen werden können. Daß viel über dauernd wechselnde Einzelfragen gestritten wird, ist ein Aktionismus, der das Fehlen einer umfassenden Konzeption eher verschleiert. Man kann ja über die Elemente eines Hauses – vom Türgriff bis zum Blitzableiter – ewig und auch streitend diskutieren, doch was nutzt es, wenn es keinen Plan für das Haus als ganzes gibt.

Hier liegt eine entscheidende Aufgabe der wirtschaftlichen Beratung: sich stärker und für die Öffentlichkeit deutlicher dem Denken in wirtschaftspolitischen Konzeptionen zu verpflichten. Nur wenn es für den Komplex Wirtschaft und damit auch für den Komplex Wirtschaftspolitik eine umfassende Konzeption gibt, lassen sich einzelne wirtschaftspolitische Empfehlungen angemessen würdigen. Zugleich muß die wirtschaftspolitische Beratung energischer vermitteln, daß sich die Reform in Deutschland nicht mit punktuellen Maßnahmen erschöpft, sondern konzeptionelle Anpassungen erfordert.

Es kann ja auch zwei strittige Konzeptionen geben, nur umfassend müssen sie jeweils sein. „Nachfragepolitik" ist nicht mehr en vogue, „Angebotspolitik" hat viel von ihrem Reiz verloren. Was also ist die Konzeption für morgen? Hierzu findet zu wenig Debatte statt. Möglicherweise liegt das an einem Umstand, den wirtschaftspolitische Berater aber auch Wirtschaftspolitiker ungern zur Kenntnis nehmen: daß nationale Volkswirtschaften als identifizierbare Einheiten in einem Zustand der Auflösung sind. Deutsche Unternehmen, die weltweit agieren, haben nur noch wenig (jedenfalls immer weniger) mit Wirtschaft zu tun, die sich in Deutschland vollzieht. Wirtschaftspolitische Kompetenz geht dem Land verloren, und das nicht nur weil im Zuge der europäischen Integration Gestaltungsmacht auf europäische Ebenen verlagert wird. Hinter dem abgegriffenen Schlagwort Globalisierung verbirgt sich nicht zuletzt auch eine Entwicklung, die einen Wirtschaftsraum wie Deutschland mehr denn je von internationalem Strukturwandel und globalen Entwicklungen abhängig macht und immer weniger von wirtschaftspolitischen Aktivitäten hierzulande. Zumindest verliert die Wirtschaftspolitik einen Freiheitsgrad, wenn sie sich mit massiven internationalen Einflüssen konfrontiert sieht, die sie weder steuern kann, noch daß sie sich ihnen entziehen könnte.

Hier soll nun nicht über das Ziel hinaus geschossen werden. Keineswegs soll damit gesagt werden, daß das Ende (deutscher) Wirtschaftspolitik eingeläutet sei und damit auch das Ende der wirtschaftspolitischen Beratung alten Stils. Es geht ja hier um die Konzeption. Eine „neue" paradigmatische Konzeption für die Wirtschaftspolitik muß jedoch von dem Gedanken geleitet sein, das Wirtschaften in Deutschland in einem Umfeld internationalen Verdrängungswettbewerbs rentabel zu halten. Wenn es gelingt, ein solches Leitbild zur Grundlage zu machen, sollte es gelingen, die Wirtschaftspolitik schlagkräftiger zu machen, und die wirtschaftspolitische Beratung als Partner der Wirtschaftspolitik profitierte davon auch.

Klaus Haupt

Forschung + Handeln - Resümée und Wertung

Zusammenfassend läßt sich als Resumée dieser Tagung feststellen, daß wegen des Umbruchs im Marketing - nämlich weg vom Massenmarketing hin zum one-to-on-Marketing - neue, veränderte Anforderungen an die Forschung zu stellen sind.

Auf natürlich anderer Ebene sind die guten Tugenden der Unternehmer der Jahrhundertwende wieder gefragt und gefordert. Es ist dabei an den Unternehmer zu denken, der seine Mitarbeiter und deren private Sorgen kennt, der über seine Lieferanten und deren Stärken und Schwächen Bescheid weiß, der sich um die individuellen Anforderungen seiner Kunden kümmert und sie persönlich anzusprechen in der Lage ist und der nicht zuletzt als Sponsor in seiner Gemeinde um das Vertrauen der Öffentlichkeit wirbt.

Vor diesem Hintergrund ist es dem Unternehmer und heute dem Manager möglich, seine Partner und Anteilseigner zufriedenzustellen.

Dies bedeutet für die Unternehmen in jedem der genannten Bereiche langfristige Bindungen und Vertrauen zum Wohle des Unternehmens zu schaffen und für die Forderungen, die Möglichkeiten zu finden und zu analysieren.

Das Ziel der Veranstaltung, diesbezüglich die wechselseitigen Beziehungen von Forschung und Handeln nachzuweisen, konnte an individuellen Beispielen aus unterschiedlichen Bereichen erreicht werden.

Es konnte nachgewiesen werden, daß und in welcher Weise Wirtschaftsunternehmen - aber auch in der Politik Verantwortung Tragende empirisch erhobene Informationen als Entscheidungshilfe für ihr strategisches Handeln benötigen und einsetzen.

Dabei ist ganz deutlich hervorzuheben, daß die gesammelten Marktdaten eben „nur" Entscheidungshilfen sind, aber die eigentliche Entscheidung nicht ersetzen.

Verantwortungsbewußte Entscheider sollten die gelieferten Informationen zur Kenntnis nehmen und in ihre Überlegungen einbeziehen, sie aber nicht gewissermaßen als Plebiszit mißverstehen. Dies gilt nicht nur für den Bereich der Politik - zu denken ist dabei z.B. an Umfragen zum Euro und die Entscheidung des Bundeskanzlers - sondern auch für Entscheidungen im Bereich der Wirtschaft. Der Unternehmer und der seinem Gewissen verpflichtete Politiker zeichnet sich gerade dadurch aus, daß er gut aufbereitete Informationen zur Kenntnis nimmt und trotzdem bereit ist, das Risiko und die Verantwortung für das, was er für richtig und notwendig hält, einzugehen.

Wenn Markt-, Meinungs- und Sozialforschung in Unternehmen und Politik richtig und gut positioniert sein will, darf sie weder zur Gefälligkeitsforschung degenerieren noch eine Alibi-Funktion einnehmen. Vielmehr muß sie sich selbst bereits durch völlige Unabhängigkeit und damit Eigenverantwortlichkeit auszeichnen.

Diese Unabhängigkeit kann nur durch saubere Forschungsmethoden und entsprechende Grundlagenforschung, also durch Qualität garantiert werden. Die Basis für einen adäquaten Forschungshintergrund liegt im

- definierten und durchdachten Briefing
- der richtigen Definition der Zielgruppe und damit der Stichprobe und ihrer Ausschöpfung
- dem Fragebogenaufbau und der Fragebogenformulierung
- sowie schließlich der Datenaufbereitung mit adäquaten und mit Hilfe von durch Grundlagenforschung überprüften und der Aufgabenstellung entsprechenden Techniken - face to face, CATI, CAPI, demnächst Online-Research.

Nur so wird die Basis gelegt, um dann auch aussagekräftiges Datenmaterial zu erhalten. Durch ebenfalls durchdachte und der Aufgabenstellung entsprechende Aufbereitung dieses Materials können adäquate Entscheidungshilfen geliefert werden.

Natürlich sind diese empirisch gewonnenen Marktdaten nur ein Teil bzw. ein Baustein des Informationsangebotes, das dem Entscheider zur Verfügung steht.

Es wird jedoch in Zukunft vor allem darum gehen, die zum Teil noch isoliert nebeneinanderstehenden Informationsbausteine in ein Ganzes zu integrieren, das mehr als die Summe seiner Teile ist. Es hat also eine weitere Aufbereitung und Zusammenschau aller vorhandenen Informationen zu erfolgen, um dem Marketing bzw. der Unternehmensleitung die Informationen zu liefern, die das Handeln erst möglich machen. Das Informationsmanagement kann sich - dank der technischen Möglichkeiten - dabei der unterschiedlichsten Methoden und Verfahren bedienen.

Dies alles kann sich allerdings nicht in der richtigen Auswahl der „Produktionsmethoden" bzw. der Technik erschöpfen.

Gefragt bleibt die Kreativität des Forschers bei der Auswahl vorhandener und der Entwicklung neuer Verfahren.

Es sind also neue Fähigkeiten/„Gaben" des Markt-, Meinungs- und Sozialforschers gefordert. Die Zeiten, in denen es vor allem darum ging einen Fragebogen gut und entsprechend angemessen zu konzipieren sind inzwischen eine selbstverständliche Voraussetzung, die Kenntnis und Nutzung des Methoden-Instrumentariums ebenso. Darüber hinaus geht es aber um die geistige Kapazität, das Vermögen, die Vielfalt der als Bausteine vorliegenden Informationen zusammenfassend zu bewerten und entsprechend zu interpretieren.

Dies zu fordern heißt die Frage nach dem Profil eines Informationsmanagers zu stellen.

Damit ergeht gleichzeitig eine Forderung an Hochschulen und Universitäten, entsprechende Ausbildungsmöglichkeiten zu schaffen. Learning by doing dürfte im Hinblick auf die dazu erforderliche Zeit nicht ausreichen. Aus der Praxis und den Erfahrungen des beruflichen Alltags entwickelte Anforderungen sollten allerdings als Basis für die Lehre dienen.

Nicht umsonst fordert E. Noelle-Neumann den Lehrstuhl und die Studienrichtung für Demoskopie - im Hauptfach. Aus der Sicht des Praktikers sollte dies ergänzt werden durch die Forderung nach der fachbereichsübergreifenden interdisziplinären Ausbildung zum Informationsmanager.

Wenn bisher das System der empirischen Forschung aus den akademischen Forschungseinrichtungen, den privatwirtschaftlichen Forschungsinstituten und den Einrichtungen der amtlichen Statistik besteht - so müssen diese ihre bisher gute und freundschaftliche Zusammenarbeit insofern noch verbessern als sie zunächst eine gemeinsame, integrierte Forschungseinrichtung - vielleicht über den Weg einer „Ständigen Konferenz" - schaffen, aber dies ergänzen durch weitere Einrichtungen wie die Bereiche von Kommunikation und Logistik bzw. Informatik. Die Instrumentarien müssen nicht nur optimiert sondern aufeinander abgestimmt werden.

Dies ist insofern von großer Bedeutung als die unterschiedlichen Geschäftsfelder je unterschiedliche Ausprägungen der vorhandenen Verfahren notwendig machen: um nur einige aufzuzählen nenne ich Wirtschaftsforschung, Kommunikations-/Mediaforschung, Dienstleistungsforschung, Politikforschung, Sozialforschung.

All diese Gebiete haben - es ist in den Vorträgen sehr gut angeklungen - sich wandelnde Anforderungsprofile und neue übergeordnete Wertesysteme, die mit dem bisherigen Konzeptions-, Image- oder Bedürfnistest nicht mehr viel zu tun haben. D.h. natürlich nicht, daß diese Aufgabenstellungen überflüssig geworden wären, aber ihr Stellenwert ist ein anderer geworden. Sie sind Standardverfahren geworden, die 'just in time' und kostengünstig aber natürlich methodisch-wissenschaftlich sauber und vertretbar geliefert werden müssen.

Der Bereich „Marktforschung" oder „empirische Erhebungen" im Unternehmensbereich Informationsmanagement untergliedert sich ebenfalls in standardisierte Produkte/Marken/(branded products) und „kreative", „zukunftsorientierte" oder nur den „gewandelten Bedürfnissen/Anforderungen" angepaßte Forschungsvorhaben. Die Bewertung ihrer Ergebnisse ist allein auf Basis der empirisch erhobenen Daten nicht möglich, sondern erst in Kombination mit entsprechenden zusätzlichen Informationen.

Wenn von Informationsmanagement die Rede ist, so sind dies nicht nur die Markt-, Meinungs- und Sozialforscher und Statistiker an Universitäten und in privatwirtschaftlichen Instituten. Dazu gehören insbesondere auch alle anderen Informationsanbieter und -verarbeiter und als bereits aktive und tatsächliche Informationsmanager immer zahlreicher werdende sehr professionelle Consultingunternehmen. Gerade die Berater und Beratungsunternehmen zeichnen sich durch zweistellige Wachstumsraten, hohe Renditen und einen Umsatz von rund 16,0 Milliarden - (Marktforschung in Deutschland nur 1,6 Milliarden) aus. Die Wachstumserwartungen der Beratungsunternehmen werden in der FAZ auf 18% für 1997 geschätzt.

Die Kompetenz dieser Beratungsunternehmen liegt in der Analyse und Zusammenschau aller für die jeweilige Aufgabenstellung relevanten Informationsbausteine. Dies bildet das Fundament für die individuelle Beratung der Auftraggeber. Damit wird ein Bereich mit Kompetenz besetzt, den Markt-, Meinungs- und Sozialforscher - ob öffentlich-rechtlich oder privatwirtschaftlich verfaßt - nie wirklich für sich besetzt haben. Allenfalls Vordenker wie zu seiner Zeit Ernst Dichter haben dieses Segment erkannt. Marktforscher fungieren hier zum überwiegenden Teil leider allenfalls als direkte oder indirekte Zulieferer.

Insofern ist von den Markt-, Meinungs- und Sozialforschern zu fordern, auf Basis ihrer Ergebnisse vermehrt Beratung anzubieten und diese mit anderen Informationsbausteinen zu unterfüttern.

Die Beratungs- und Interpretationskompetenz von intelligent verknüpften und damit optimierten empirischen Daten mit weiteren Informationen durch den Informationsmanager macht die eigentliche Wertschöpfung für den Auftraggeber aus.

Es wurde indirekt schon vielfach angesprochen: Mindestanforderungen an die Qualität aller zu Verfügung stehenden Daten sind unerläßlich. Dies gilt für alle Bereiche des Informationsmanagement und nicht nur speziell für die

Markt-, Meinungs- und Sozialforschung. Nur so kann sichergestellt werden, daß das präsentierte Ergebnis einen wirtschaftlichen Wert hat. Kiock nennt das „value management": „Investitionen in Marktforschung müssen sich sichtbar auszahlen."

Zur Zeit arbeitet zu diesem Thema in Deutschland eine Arbeitsgruppe der Deutschen Forschungsgemeinschaft unter Vorsitz von Max Kaase mit der ursprünglichen Zielrichtung Grundlagenforschung als Basis für Qualität und ein Ausschuß des ADM zur Entwicklung von Qualitätsstandards. Daneben gibt es die Zertifizierung nach ISO 9000 - die einige Institute schon abgeschlossen hat, an der andere arbeiten. Auch Auftraggeber in Deutschland gehen zunehmend dazu über, eine Zertifizierung zu verlangen. Schließlich haben die englischen, französischen und italienischen Marktforschungsverbände Basisnormen für Qualität teilweise als Voraussetzung für eine Mitgliedschaft formuliert. Auch die Psychologen in der Marktforschung sind bezüglich Qualitätsanforderungen in England, USA, Deutschland nicht untätig. 'Total Quality Management' (TQM) ist also auch im Informationsmanagement nicht nur eine bloße Forderung.

Heißt das, daß bisher schlechte Qualität geliefert wurde, die Ergebnisse nicht „stimmen", nicht nachprüfbar sind?

Da Qualität - so ist die Meinung in Deutschland - sehr viel mit den Anforderungen der Auftraggeber zu tun hat, muß die geleistete Arbeit der jeweils nachgefragten Aufgabenstellung entsprechen. Und wer keinen Maßanzug will oder braucht, sollte - wie Klaus Hehl kürzlich formulierte - auch keinen bekommen, sondern muß sich mit Konfektion zufrieden geben. Allerdings darf die Konfektion nicht im Hinblick auf die Kosten wie ein Maßanzug geschneidert sein und umgekehrt. Qualität hat allerdings ihren Preis - das ist in der empirischen Forschung so wie im wirklichen Leben! Dies bedeutet aber, daß es schon wegen der entscheidenden Wechselbeziehung zwischen Auftragnehmer und Auftraggeber schwer ist, allgemein verbindliche Qualitätsnormen zu formulieren. Qualitätsnormen gehören vielmehr zu den vertraglichen Vereinbarungen zwischen Auftragnehmer und -geber.

Wie beim Markenartikel haben allerdings Marktforschungsprodukte eine Qualitätsnorm einzuhalten, die sich durchaus von der anderer vergleichbarer Produkte unterscheiden kann.

Letztlich entscheidet der Wettbewerb. Nur muß man vor allem als Auftraggeber überprüfen können, was die Norm bei Forschungsvorhaben ist, wie also der Mindestleistungsumfang zu definieren ist.

Die Qualitätsdiskussion wird noch zunehmen. Aufgabe der Verbände wird es sein, gemeinsam auch diesbezüglich - ähnlich wie bisher bei den Richtlinien - die Rahmenbedingungen zu definieren.

Die Verbände müssen nicht nur die juristischen Gegebenheiten, die möglicherweise Geschäftsfelder und Arbeitsgebiete einengen könnten, im Auge behalten und die äussersten, juristisch vertretbaren Grenzen (z.b. der Datenschutzgesetzgebung) ausloten, sondern auch die Qualitätsstandards in gemeinsamer Absprache unter den Betroffenen festlegen.

Qualität sollte wie folgt definiert werden:

1. Anhand von Grundlagenforschung ist festzulegen, welche Methoden bei welchen Fragestellungen die sichersten Ergebnisse liefern (z.b. face to face-Interviews versus CATI und CAPI)
2. Qualität durch Service und Technik (z.B. Überprüfbarkeit, Wiederholbarkeit, Nachvollziehbarkeit der Arbeitsabläufe)
3. Qualität durch Kreativität und schöpferischer Phantasie des einzelnen Forschers aufgrund optimalen Untersuchungsaufbaus und Ergebniskombination.

Sie bringt das Mehr, die Rechtfertigung für die Investition von Geld in Marktforschung und ist die Basis für Beratungsleistung und - kompetenz.

Fragebogenformulierung, der Einsatz unterschiedlicher Methoden, die Definition der Zielgruppe und die Grundauswertung sind das Handwerk des Markt-, Meinungs- und Sozialforschers. Qualitativ anspruchsvolles Handwerk ist die Basis für den Mehrwert, den Markt- und Meinungsforschung liefern kann.

Die Kompetenz im handwerklichen Bereich - also die Beachtung wissenschaftlich-methodischer Anforderungen und die Beherrschung des methodisch-technischen Instrumentariums wird zu Recht von den Auftraggebern vorausgesetzt.

Schließlich ist vor diesem Hintergrund dann auch die Frage nach der Forschungsethik zu stellen.

Wenn letztlich alles machbar und nichts unmöglich ist, dann bleibt der gläserne Verbraucher, der gläserne Wähler etc. keine Fiktion mehr sondern Wirklichkeit. Das Datenschutzrecht setzt hier Grenzen. Ohne die Zustimmung der Befragungspersonen und ihrer Aufklärung über die Konsequenzen der Teilnahme an einer Umfrage ist vor allem in der Markt-, Meinungs- und Sozialforschung nichts möglich und vor allem auch nicht die Weitergabe von individuellen Informationen. Die über Inhalt und Auftraggeber informierte

Auskunft der Befragten ist jedoch, wie in diesen Fachkreisen hier bekannt, methodisch nicht sauber und gewährleistet keine Sicherheit.

Bisher galt und gilt für Marktforscher - bereits vor der Datenschutzgesetzgebung - der Grundsatz der absoluten Wahrung der Anonymität der Befragten. Dabei spielen nicht einmal nur moralische und rechtliche Grundsätze eine Rolle, sondern auch wissenschaftliche Notwendigkeiten und auch ganz pragmatische Aspekte. Die zu den unterschiedlichsten Fragestellungen Auskunft gebenden Personen brauchen einen Vertrauensschutz, wenn sie ihre subjektive Wahrheit, über ihr Verhalten und ihre Gefühle, geheimen Wünsche, Ängste und Befürchtungen mitteilen sollen. Fehlt dieser Vertrauensschutz, so werden die Verweigerungsquoten und damit die Qualität sinken. Hierin liegt der vernünftige Grund für die Beibehaltung der garantierten Anonymität. Wer qualitativ hochwertige Daten erheben will, kann dies ohne diese Garantie nicht sicherstellen.

Andererseits nimmt die Zahl der Grenzfälle zu.

- So lassen sich bereits vorhandene - personalisierte - Dateien optimieren, ohne daß jemand dazu befragt werden muß.
- Mikrogeographische Daten liegen möglicherweise im Hinblick auf die Identifizierbarkeit der Menschen in den kleinsten Zellen bereits jenseits der Grenzen dessen, was die Gesetzgebung von Marktforschung - nicht aber von anderen Datensammlern - fordert.
- Kundenzufriedenheitsforschung und Mystery-Shopping können ebenfalls bezüglich garantierter Anonymität aber auch im Hinblick auf die ganz persönliche Ethik Grenzfälle sein.

Damit kommen wir von den neuen methodischen und technischen Möglichkeiten zu den thematischen Anforderungen des Auftraggebers von Informationsanbietern und ihrer Machbarkeit.

Die grundsätzliche Entwicklungsrichtung steht fest. Der Weg wird bereits beschritten:

weg vom reinen Datenlieferanten hin zum wissenschaftlichen Management- bzw. Politikberater

Welche Entwicklungslinien müssen hier im Zusammenhang mit den neuen Anforderungen der Auftraggeber an Informationsanbieter gesehen werden:

- der Untersuchung von Aussagegehalten von Packungsgestaltungen folgte einerseits die Konzeptions- andererseits die Image-Analyse. Heute ist Corporate Design gefragt.

- die Forschung zu Produktentwicklungen und -qualität entwickelt sich über die Käuferforschung zur Messung der Kundenbindung
- der Weg führt vom Unternehmens-Image zum Unternehmenswert, zum Shareholder Value und Stakeholdermanagment
- der einzelne Mitarbeiter wird nicht mehr nur intern beurteilt, sondern auch extern im Hinblick auf sein Anforderungsprofil
- es interessiert der Umgang mit den neuen Medien z.b. das Homebanking oder das Einkaufen am häuslichen PC
- die Entwicklung der Dienstleistung auf der Basis des ganz konkreten Käuferverhaltens.

Michael Grande ist in diesem Zusammenhang noch einmal zu zitieren: „Wir erleben einen Paradigmenwechsel vom Massenmarketing zum One-to-One Marketing" und „Market Research wird durch Customer Research ergänzt" und „Unternehmen fragen nicht mehr primär Marktforschung nach, sondern komplette Problemlösungen".

Im Mittelpunkt dieser und anderer Untersuchungsgegenstände, die nicht notwendigerweise von Markt- und Sozialforschungsinstituten analysiert werden, steht also:

- der in der Database definierte Kunde in seiner unmittelbaren Beziehung zu unterschiedlichen Produkt- und Dienstleistungsangeboten mit seinem ganz persönlichen Konsumverhalten
- seiner Reaktion auf den Verkäufer oder Dienstleister
- in der Database klassifiziert nach seinem verfügbaren Einkommen, Kaufverhalten, Ausgabebereitschaft, Zahlungsmoral etc. zugeordnet zu einem psychologischen Konsumententyp.

Die Individualisierung des Marketing ist also angesagt. Neue Untersuchungstypen werden dem gerecht:

- Customer Satisfaction Measurement
- Mystery Shopping
- Mitarbeiterbefragungen

um nur einige zu nennen, die neben der Database-Forschung bzw. Optimierung von wachsender Bedeutung sind.

Es ist also abschließend festzustellen, daß wir vor einer neuen Qualität empirischer Forschung stehen, ja, daß diese nicht nur bereits nachgefragt, sondern auch schon geliefert wird.